THÉATRES FRANÇAIS.

CHEFS-D'OEUVRE

DRAMATIQUES

DE VOLTAIRE.

TOME DEUXIÈME.

PARIS,
CHEZ MARTIAL ARDANT FRERES, EDITEURS,
rue Hautefeuille, 14.
LIMOGES,
A LA MÊME LIBRAIRIE.

1840.

THÉATRES FRANÇAIS.

CHEFS-D'OEUVRE

DRAMATIQUES

DE VOLTAIRE.

TOME 2.

THÉATRES FRANÇAIS.

CHEFS-D'OEUVRE

DRAMATIQUES

DE VOLTAIRE.

TOME DEUXIÈME.

PARIS,

CHEZ MARTIAL ARDANT FRERES, EDITEURS
Rue Hautefeuille, 14.

LIMOGES,
A LA MEME LIBRAIRIE.

1840.

1847

ADÉLAIDE
DU GUESCLIN,

TRAGÉDIE,

Jouée pour la première fois le 18 janvier 1734, donnée le 17 août 1752 sous le titre d'*Amélie*, ou *le duc de Foix*, reprise sous son premier titre le 9 septembre 1765.

FRAGMENT

D'UNE LETTRE DE L'AUTEUR

A UN DE SES AMIS. (1765.)

Quand vous m'apprîtes, monsieur, qu'on jouait à Paris une Adélaïde du Guesclin avec quelque succès, j'étais très loin d'imaginer que ce fût la mienne; et il importe fort peu au public que ce soit la mienne ou celle d'un autre. Vous savez ce que j'entends par le public: ce n'est pas l'*univers*, comme nous autres barbouilleurs de papier l'avons dit quelquefois. Le public, en fait de livres, est composé de quarante ou cinquante personnes, si le livre est sérieux; de quatre ou cinq cents, lorsqu'il est plaisant, et d'environ onze ou douze cents, s'il s'agit d'une pièce de théâtre. Il y a toujours dans Paris plus de cinq cent mille ames qui n'entendent jamais parler de tout cela.

Il y avait plus de trente ans que j'avais hasardé devant ce public une Adélaïde du Guesclin, escortée d'un duc de Vendôme et d'un duc de Nemours, qui n'existèrent jamais dans l'histoire. Le fond de la pièce était tiré des annales de Bretagne, et je l'avais ajusté comme j'avais pu, au théâtre, sous des noms supposés. Elle fut sifflée dès le premier acte; les sifflets redoublèrent au second, quand on vit arriver le duc de

Nemours blessé et le bras en écharpe; ce fut bien pis lorsqu'on entendit au cinquième le signal que le duc de Vendôme avait ordonné, et lorsqu'à la fin le duc de Vendôme disait : « *Es-tu content, Coucy?* » plu-sieurs bons plaisants crièrent : *Coussi-coussi..* »

Vous jugez bien que je ne m'obstinai pas contre cette belle réception. Je donnai quelques années après la même tragédie sous le nom du duc de Foix; mais je l'affaiblis beaucoup par respect pour le ridicule. Cette pièce devenue plus mauvaise réussit assez, et j'oubliai entièrement celle qui valait mieux.

Il restait une copie de cette Adélaïde entre les mains des acteurs de Paris : ils ont ressuscité, sans m'en rien dire, cette défunte tragédie; ils l'ont representée telle qu'ils l'avaient donnée en 1734, sans y changer un seul mot, et elle a été accueillie avec beaucoup d'applaudissements : les endroits qui avaient été le plus sifflés ont été ceux qui ont excité le plus de battements de mains.

Vous me demanderez auquel des deux jugements je me tiens. Je vous répondrai ce que dit un avocat vénitien aux sérénissimes sénateurs devant lesquels il plaidait : « *Il mese passato,* disait-il, *le vostre eccellenze hanno judicato così, e questo mese; nella medesima causa, hanno judicato tutto'l contrario, e sempre ben* » : Vos excellences, le mois passé, jugèrent de cette façon; et ce mois-ci, dans la même cause, elle sont jugé tout le contraire, et toujours à merveille.

M. Oghières, riche banquier de Paris, ayant été

chargé de faire composer une marche pour un des régimens de Charles XII, s'adressa au musicien Mouret. La marche fut exécutée chez le banquier, en présence de ses amis, tous grands connaisseurs. La musique fut trouvée détestable. Mouret remporta sa marche et l'inséra dans un opéra qu'il fit jouer. Le banquier et ses amis allèrent à son opéra : la marche fut très applaudie. Eh ! voilà ce que nous voulions, dirent-ils à Mouret : que ne nous doniez-vous une pièce dans ce goût-là ? Messieurs c'est la même..

On ne tarit point sur ces exemples. Qui ne sait que la même chose est arrivée aux idées innées, à l'émétique et à l'inoculation ? Tour à tour sifflées et bien reçues, les opinions ont ainsi flotté dans les affaires sérieuses, comme dans les beaux arts et dans les sciences.

Quod petiit, spernit; repetit quod nuper omisit.

La vérité et le bon goût n'ont remis leur sceau que dans la main du temps. Cette réflexion doit retenir les auteurs des journeaux dans les bornes d'une grande circonspection. Ceux qui rendent compte des ouvrages doivent rarement s'empresser de les juger : ils ne savent pas si le public à la longue jugera comme eux ; et puisqu'il n'a un sentiment décidé et irrévocable qu'au bout de plusieurs années, que penser de ceux qui jugent de tout sur une lecture précipitée ?

PERSONNAGES.

LE DUC DE VENDOME.

LE DUC DE NEMOURS.

LE SIRE DE COUCY.

ADÉLAIDE DU GUESCLIN.

TAISE D'ANGLURE.

DANGESTE, confident du duc de Nemours.

UN OFFICIER.

UN GARDE.

La scène est à Lille.

ADÉLAIDE
DU GUESCLIN,
TRAGÉDIE.

ACTE PREMIER.

SCÈNE I.

LE SIRE DE COUCY, ADÉLAIDE.

COUCY.

Digne sang de Guesclin, vous qu'on voit aujourd'hui
Le charme des Français, dont il était l'appui,
Souffrez qu'en arrivant dans ce séjour d'alarmes,
Je dérobe un moment au tumulte des armes :
Écoutez-moi. Voyez d'un œil mieux éclairci
Les desseins, la conduite, et le cœur de Coucy :
Et que votre vertu cesse de méconnaître
L'ame d'un vrai soldat, digne de vous peut-être.

ADÉLAÏDE.

Je sais quel est Coucy ; sa noble intégrité
Sur ses lèvres toujours plaça la vérité.
Quoi que vous m'annonciez, je vous croirai sans peine.

COUCY.

Sachez que si ma foi dans Lille me ramène,
Si, du duc de Vendôme embrassant le parti,
Mon zèle en sa faveur ne s'est pas démenti,

Je n'approuvai jamais la fatale alliance
Qui l'unit aux Anglais, et l'enlève à la France :
Mais dans ces temps affreux de discorde et d'horreur,
Je n'ai d'autre parti que celui de mon cœur.
Non que pour ce héros mon ame prévenue
Prétende à ses défauts fermer toujours ma vue ;
Je ne m'aveugle pas ; je vois, avec douleur,
De ses emportements l'indiscrète chaleur ;
Je vois que de ses sens l'impétueuse ivresse
L'abandonne aux excès d'une ardente jeunesse ;
Et ce torrent fougueux, que j'arrête avec soin,
Trop souvent me l'arrache, et l'emporte trop loin.
Il est né violent, non moins que magnanime ;
Tendre, mais emporté, mais capable d'un crime.
Du sang qui le forma je connais les ardeurs ;
Toutes les passions sont en lui des fureurs :
Mais il a des vertus qui rachètent ses vices.
Et qui saurait, madame, où placer ses services,
S'il ne nous fallait suivre et ne chérir jamais
Que des cœurs sans faiblesse et des princes parfaits ?
Tout mon sang est à lui ; mais enfin cette épée
Dans celui des Français à regret s'est trempée ;
Ce fils de Charles six....

ADÉLAÏDE.

Osez le nommer roi ;
Il l'est, il le mérite.

COUCY.

Il ne l'est pas pour moi.
Je voudrais, il est vrai, lui porter mon hommage ;
Tous mes vœux sont pour lui ; mais l'amitié m'engage.
Mon bras est à Vendôme, et ne peut aujourd'hui
Ni servir, ni traiter, ni changer, qu'avec lui.

Le malheur de nos temps, nos discordes sinistres,
Charles qui s'abandonne à d'indignes ministres;
Dans ce cruel parti tout l'a précipité;
Je ne peux à mon choix fléchir sa volonté.
J'ai souvent, de son cœur aigrissant les blessures,
Révolté sa fierté par des vérités dures:
Vous seule à votre roi le pourriez rappeler,
Madame, et c'est de quoi je cherche à vous parler.
J'aspirai jusqu'à vous avant qu'aux murs de Lille
Vendôme trop heureux vous donnât cet asile;
Je crus que vous pouviez, approuvant mon dessein
Accepter sans mépris mon hommage et ma main;
Que je pouvais unir, sans une aveugle audace,
Les lauriers de Guesclin aux lauriers de ma race:
La gloire le voulait, et peut-être l'amour,
Plus puissant et plus doux, l'ordonnait à son tour:
Mais à de plus beaux nœuds je vous vois destinée.
La guerre dans Cambrai vous avait amenée
Parmi les flots d'un peuple à soi-même livré,
Sans raison, sans justice, et de sang enivré.
Un ramas de mutins, troupe indigne de vivre,
Vous méconnut assez pour oser vous poursuivre.
Vendôme vint, parut, et son heureux secours
Punit leur insolence, et sauva vos beaux jours.
Quel Français, quel mortel eût pu moins entreprendre?
Et qui n'aurait brigué l'honneur de vous défendre?
La guerre en d'autres lieux égarait ma valeur:
Vendôme vous sauva, Vendôme eut ce bonheur;
La gloire en est à lui, qu'il en ait le salaire;
Il a par trop de droits mérité de vous plaire;
Il est prince, il est jeune, il est votre vengeur,
Ses bienfaits et son nom, tout parle en sa faveur;

La justice et l'amour vous pressent de vous rendre :
Je n'ai rien fait pour vous, je n'ai rien à prétendre ;
Je me tais.... mais sachez que, pour vous mériter,
A tout autre qu'à lui j'irais vous disputer ;
Je céderais à peine aux enfants des rois même :
Mais Vendôme est mon chef, il vous adore, il m'aime ;
Coucy, ni vertueux, ni superbe à demi,
Aurait bravé le prince, et cède à son ami.
Je fais plus ; de mes sens maîtrisant la faiblesse,
J'ose de mon rival appuyer la tendresse,
Vous montrer votre gloire, et ce que vous devez
Au héros qui vous sert et par qui vous vivez.
Je verrai d'un œil sec et d'un cœur sans envie
Cet hymen qui pouvait empoisonner ma vie.
Je réunis pour vous mon service et mes vœux ;
Ce bras qui fut à lui combattra pour tous deux :
Voilà mes sentiments. Si je me sacrifie,
L'amitié me l'ordonne, et surtout la patrie.
Songez que si l'hymen vous range sous sa loi,
Si ce prince est à vous, il est à votre roi.

ADÉLAÏDE.

Qu'avec étonnement, seigneur, je vous contemple !
Que vous donnez au monde un rare et grand exemple !
Quoi ! ce cœur (je le crois sans feinte et sans détour)
Connaît l'amitié seule et peut braver l'amour !
Il faut vous admirer quand on sait vous connaître ;
Vous servez votre ami, vous servirez mon maître.
Un cœur si généreux doit penser comme moi :
Tous ceux de votre sang sont l'appui de leur roi.
Eh bien ! de vos vertus je demande une grâce.

COUCY.

Vos ordres sont sacrés : que faut-il que je fasse ?

ADÉLAÏDE.

Vos conseils généreux me pressent d'accepter
Ce rang dont un grand prince a daigné me flatter.
Je n'oublierai jamais combien son choix m'honore;
J'en vois toute la gloire; et quand je songe encore
Qu'avant qu'il fût épris de cet ardent amour
Il daigna me sauver et l'honneur et le jour,
Tout ennemi qu'il est de son roi légitime,
Tout vengeur des Anglais, tout protecteur du crime,
Accablée à ses yeux du poids de ses bienfaits,
Je crains de l'affliger, seigneur, et je me tais.
Mais, malgré son service et ma reconnaissance,
Il faut par des refus répondre à sa constance;
Sa passion m'afflige; il est dur à mon cœur,
Pour prix de tant de soins, de causer son malheur.
A ce prince, à moi-même épargnez cet outrage;
Seigneur, vous pouvez tout sur ce jeune courage.
Souvent on vous a vu, par vos conseils prudents,
Modérer de son cœur les transports turbulents.
Daignez débarrasser ma vie et ma fortune
De ces nœuds trop brillants, dont l'éclat m'importune.
De plus fières beautés, de plus dignes appas
Brigueront sa tendresse, où je ne prétends pas.
D'ailleurs, quel appareil, quel temps pour l'hyménée!
Des armes de mon roi Lille est environnée;
J'entends de tous côtés les clameurs des soldats,
Et les sons de la guerre, et les cris du trépas.
La terreur me consume, et votre prince ignore
Si Nemours.... si son frère, hélas! respire encore.
Ce frère qu'il aima.... ce vertueux Nemours....
On disait que la parque avait tranché ses jours;
Que la France en aurait une douleur mortelle!

Seigneur, au sang des rois il fut toujours fidèle.
S'il est vrai que sa mort.... Excusez mes ennuis,
Mon amour pour mes rois, et le trouble où je suis.

COUCY.

Vous pouvez l'expliquer au prince qui vous aime,
Et de tous vos secrets l'entretenir vous-même :
Il va venir, madame; et peut-être vos vœux....

ADÉLAÏDE.

Ah, Coucy! prévenez le malheur de tous deux.
Si vous aimez ce prince, et si, dans mes alarmes,
Avec quelque pitié vous regardez mes larmes,
Sauvez-le, sauvez-moi de ce triste embarras;
Daignez tourner ailleurs ses desseins et ses pas;
Pleurante et désolée, empêchez qu'il me voie.

COUCY.

Je plains cette douleur où votre ame est en proie;
Et, loin de la gêner d'un regard curieux,
Je baisse devant elle un œil respectueux :
Mais, quel que soit l'ennui dont votre cœur soupire,
Je vous ai déjà dit ce que j'ai dû vous dire;
Je ne puis rien de plus : le prince est soupçonneux,
Je lui serais suspect en expliquant vos vœux;
Je sais à quel excès irait sa jalousie,
Quel poison mes discours répandraient sur sa vie;
Je vous perdrais peut-être; et mon soin dangereux,
Madame, avec un mot, ferait trois malheureux.
Vous, à vos intérêts rendez vous moins contraire;
Pesez sans passion l'honneur qu'il veut vous faire.
Moi, libre entre vous deux, souffrez que, dès ce jour,
Oubliant à jamais le langage d'amour,
Tout entier à la guerre, et maître de mon ame,
J'abandonne à leur sort et vos vœux et sa flamme.

Je crains de l'affliger, je crains de vous trahir;
Et ce n'est qu'aux combats que je dois le servir.
Laissez-moi d'un soldat garder le caractère,
Madame; et puisque enfin la France vous est chère,
Rendez-lui ce héros qui serait son appui:
Je vous laisse y penser, et je cours près de lui.
Adieu, Madame.

SCÈNE II.

ADÉLAIDE, TAISE.

ADÉLAÏDE.

Ou suis-je? hélas! tout m'abandonne.
Nemours.... de tous côtés le malheur m'environne.
Ciel! qui m'arrachera de ce cruel séjour?

TAÏSE.

Quoi! du duc de Vendôme, et le choix, et l'amour,
Quoi! ce rang qui ferait le bonheur ou l'envie
De toutes les beautés dont la France est remplie,
Ce rang qui touche au trône, et qu'on met à vos pieds,
Ferait couler vos pleurs dont vos yeux sont noyés?

ADÉLAÏDE.

Ici du haut des cieux du Guesclin me contemple.
De la fidélité ce héros fut l'exemple:
Je trahirais le sang qu'il versa pour nos lois,
Si j'acceptais la main du vainqueur de nos rois.

TAÏSE.

Quoi! dans ces tristes temps de ligues et de haines,
Qui confondent des droits les bornes incertaines,
Où le meilleur parti semble encor si douteux,
Où les enfants des rois sont divisés entre eux;
Vous, qu'un astre plus doux semblait avoir formée

Pour unir tous les cœurs et pour en être aimée,
Vous refusez l'honneur qu'on offre à vos appas,
Pour l'intérêt d'un roi qui ne l'exige pas?

ADÉLAÏDE, *en pleurant.*

Mon devoir me rangeait du parti de ces armes.

TAÏSE.

Ah! le devoir tout seul fait-il verser des larmes?
Si Vendôme vous aime, et si, par son secours....

ADÉLAÏDE.

Laisse-là ses bienfaits, et parle de Nemours.
N'en as-tu rien appris? sait-on s'il vit encore?

TAÏSE.

Voilà donc en effet le soin qui vous dévore,
Madame?

ADÉLAÏDE.

Il est trop vrai; je l'avoue, et mon cœur
Ne peut plus soutenir le poids de sa douleur.
Elle échappe, elle éclate, elle se justifie;
Et si Nemours n'est plus, sa mort finit ma vie.

TAÏSE.

Et vous pouviez cacher ce secret à ma foi!

ADÉLAÏDE.

Le secret de Nemours dépendait-il de moi?
Nos feux, toujours brûlants dans l'ombre du silence,
Trompaient de tous les yeux la triste vigilance;
Séparés l'un de l'autre, et sans cesse présents,
Nos cœurs de nos soupirs étaient seuls confidents;
Et Vendôme, surtout ignorant ce mystère,
Ne sait pas si mes yeux ont jamais vu son frère.
Dans les murs de Paris.... mais, ô soins superflus!
Je te parle de lui, quand peut-être il n'est plus.
O murs où j'ai vécu de Vendôme ignorée!

O temps où de Nemours en secret adorée,
Nous touchions, l'un et l'autre, au fortuné moment
Qui m'allait aux autels unir à mon amant!
La guerre a tout détruit. Fidèle au roi son maître,
Mon amant me quitta pour m'oublier peut-être;
Il partit: et mon cœur, qui le suivait toujours,
A vingt peuples armés redemanda Nemours.
Je portai dans Cambrai ma douleur inutile;
Je voulus rendre au roi cette superbe ville:
Nemours à ce dessein devait servir d'appui;
L'amour me conduisait, je faisais tout pour lui.
C'est lui qui d'une fille animant le courage,
D'un peuple factieux me fit braver la rage;
Il exposa mes jours pour lui seul réservés,
Jours tristes, jours affreux, qu'un autre a conservés!
Ah! qui m'éclaircira d'un destin que j'ignore?
Français, qu'avez-vous fait du héros que j'adore?
Ses lettres, autrefois chers gages de sa foi,
Trouvaient milles chemin pour venir jusqu'à moi;
Son silence me tue: hélas! il sait peut-être
Cet amour qu'a mes yeux son frère à fait paraître.
Tout ce que j'entrevois conspire à m'alarmer;
Et mon amant est mort, ou cesse de m'aimer!
Et, pour comble de maux je doit tout à son frère!

TAÏSE.

Cachez bien à ses yeux ce dangereux mystère:
Pour vous, pour votre amant, redoutez son couroux.
Quelqu'un vient.

ADÉLAÏDE.

C'est lui-même, ô ciel!

TAÏSE.

Contraignez-vous.

SCÈNE III.

LE DUC DE VENDOME, ADÉLAIDE, TAISE.

VENDÔME.

J'OUBLIE à vos genoux, charmante Adélaïde,
Le trouble et les horreurs où mon destin me guide;
Vous seule adoucissez les maux que nous souffrons,
Vous nous rendez plus pur l'air que nous respirons.
La discorde sanglante afflige ici la terre;
Vos jours sont entourés des pièges de la guerre.
J'ignore à quel destin le ciel veut me livrer:
Mais si d'un peu de gloire il daigne m'honorer,
Cette gloire, sans vous obscure et languissante,
Des flambeaux de l'hymen deviendra plus brillante.
Souffrez que mes lauriers, attachés par vos mains,
Écartent le tonnerre et bravent les destins;
Ou, si le ciel jaloux a conjuré ma perte,
Souffrez que de nos noms ma tombe au moins couverte
Apprenne à l'avenir que Vendôme amoureux
Expira votre époux, et périt trop heureux.

ADÉLAÏDE.

Tant d'honneurs, tant d'amour servent à me confondre;
Prince.... que lui dirai-je? et comment lui répondre?
Ainsi, seigneur.... Coucy ne vous a point parlé?

VENDÔME.

Non, madame.... d'où vient que votre cœur troublé
Répond en frémissant à ma tendresse extrême?
Vous parlez de Coucy, quand Vendôme vous aime.

ADÉLAÏDE.

Prince, s'il était vrai que ce brave Nemours
De ses ans pleins de gloire eût terminé le cours;

Vous qui le chérissez d'une amitié si tendre,
Vous qui devez au moins des larmes à sa cendre,
Au milieu des combats; et près de son tombeau,
Pourriez-vous de l'hymen allumer le flambeau!

VENDÔME.

Ah! je jure par vous, vous qui m'êtes si chère,
Par les doux noms d'amants, par le saint nom de frère,
Que Nemours, après vous, fut toujours à mes yeux
Le plus cher des mortels, et le plus précieux.
Lorsqu'à mes ennemis sa valeur fut livrée,
Ma tendresse en souffrit, sans en être altérée.
Sa mort m'accablerait des plus horribles coups;
Et pour m'en consoler mon cœur n'aurait que vous.
Mais on croit trop ici l'aveugle renommée,
Son infidèle voix vous a mal informée:
Si mon frère était mort, doutez-vous que son roi
Pour m'apprendre sa perte eût dépêché vers moi?
Ceux que le ciel forma d'une race si pure,
Au milieu de la guerre écoutant la nature,
Et, protecteurs des lois, que l'honneur doit dicter
Même en se combattant savent se respecter;
A sa perte, en un mot, donnons moins de créance.
Un bruit plus vraisemblable, et m'afflige, et m'offense
On dit que vers ces lieux il a porté ses pas.

ADÉLAÏDE.

Seigneur, il est vivant?

VENDÔME.

Je lui pardonne, hélas!
Qu'au parti de son roi son intérêt le range;
Qu'il le défende ailleurs, et qu'ailleurs il le venge;
Qu'il triomphe pour lui, je le veux, j'y consens:
Mais se mêler ici parmi les assiégeants,

Me chercher m'attaquer, moi son ami, son frère !....

ADÉLAÏDE.

Le roi le veut sans doute

VENDÔME.

Ah ! destin trop contraire !
Se pourrait-il qu'un frère élevé dans mon sein,
Pour mieux servir son roi, levât sur moi sa main ?
Lui qui devrait plûtôt, témoin de cette fête :
Partager, augmenter mon bonheur qui s'apprête

ADÉLAÏDE.

Lui !

VENDÔME.

C'est trop d'amertume en des moments si doux.
Malheureux par un frère, et fortuné par vous,
Tout entier à vous seule, et bravant tant d'alarmes,
Je ne veux voir que vous, mon hymen et vos charmes.
Qu'attendez-vous ? donnez à mon cœur éperdu
Ce cœur que j'idolâtre, et qui m'est si bien du.

ADÉLAÏDE.

Seigneur, de vos bienfaits mon ame est pénétrée ;
La mémoire à jamais m'en est chère et sacrée :
Mais c'est trop prodiguer vos augustes bontés ;
C'est mêler trop de gloire à mes calamités,
Et cet honneur....

VENDÔME.

Comment ! ô ciel ! qui vous arrête ?

ADÉLAÏDE.

Je dois.

SCÈNE IV.

VENDOME, ADÉLAIDE, TAISE, COUCY.

COUCY.

Prince, il est temps, marchez à notre tête
Déjà les ennemis sont au pied des remparts ;
Échauffez nos guerriers du feu de vos regards :
Venez vaincre.

VENDÔME.

Ah! courons; dans l'ardeur qui me presse,
Quoi! vous n'osez d'un mot rassurer ma tendresse?
Vous détournez les yeux! vous tremblez! et je voi
Que vous cachez des pleurs qui ne sont pas pour moi.

COUCY.

Le temps presse.

VENDÔME.

Il est temps que Vendôme périsse :
Il n'est point de Français que l'amour avilisse;
Amants aimés, heureux, ils cherchent les combats;
Ils courent à la gloire, et je vole au trépas.
Allons, brave Coucy, la mort la plus cruelle,
La mort que je désire, est moins barbare qu'elle.

ADÉLAÏDE.

Ah! seigneur, modérez cet injuste courroux;
Autant que je le dois je m'intéresse à vous.
J'ai payé vos bienfaits, mes jours, ma délivrance,
Par tous les sentiments qui sont en ma puissance;
Sensible à vos dangers, je plains votre valeur.

VENDÔME.

Ah! que vous savez bien le chemin de mon cœur!
Que vous savez mêler la douceur à l'injure!

Un seul mot m'accablait, un seul mot me rassure;
Content, rempli de vous, j'abandonne ces lieux,
Et crois voir ma victoire écrite dans vos yeux.

SCÈNE V.

ADÉLAIDE, TAISE.

TAÏSE.

Vous voyez sans pitié sa tendresse alarmée.

ADÉLAÏDE.

Est-il bien vrai? Nemours serait-il dans l'armée?
O discorde fatale! amour plus dangereux!
Que vous coûterez cher à ce cœur malheureux!

FIN DU PREMIER ACTE.

ACTE SECOND.

SCÈNE I.

VENDOME, COUCY.

VENDÔME.

Nous périssions sans vous, Coucy, je le confesse :
Vos conseils ont guidé ma fougueuse jeunesse;
C'est vous dont l'esprit ferme et les yeux pénétrants
M'ont porté des secours en cent lieux différents.
Que n'ai-je, comme vous, ce tranquille courage,
Si froid dans le danger, si calme dans l'orage!
Coucy m'est nécessaire aux conseils, aux combats,
Et c'est à sa grande ame à diriger mon bras.

COUCY.

Ce courage brillant qu'en vous on voit paraître
Sera maître de tout quand vous en serez maître :
Vous l'avez su régler, et vous avez vaincu.
Ayez dans tous les temps cette utile vertu ;
Qui sait se posséder, peut commander au monde.
Pour moi, de qui le bras faiblement vous seconde,
Je connais mon devoir et je vous ai suivi :
Dans l'ardeur du combat je vous ai peu servi ;
Nos guerriers sur vos pas marchaient à la victoire
Et suivre les Bourbons, c'est voler à la gloire.
Vous seul, seigneur, vous seul avez fait prisonnier
Ce chef des assaillants, ce superbe guerrier ;
Vous l'avez pris vous-même ; et, maître de sa vie,
Vos secours l'ont sauvé de sa propre furie.

VENDÔME.

D'où vient donc, cher Coucy, que cet audacieux
Sous son casque fermé se cachait à mes yeux?
D'où vient qu'en le prenant, qu'en saisissant ses armes,
J'ai senti malgré moi de nouvelles alarmes?
Un je ne sais quel trouble en moi s'est élevé :
Soit que ce triste amour dont je suis captivé,
Sur mes sens égarés répandant sa tendresse,
Jusqu'au sein des combats m'ait prêté sa faiblesse,
Qu'il ait voulu marquer toutes mes actions
Par la molle douceur de ses impressions ;
Soit plutôt que la voix de ma triste patrie
Parle encore en secret au cœur qui l'a trahie,
Qu'elle condamne encor mes funestes succès,
Et ce bras qui n'est teint que du sang des Français.

COUCY.

Je prévois que bientôt cette guerre fatale,
Ces troubles intestins de la maison royale,
Ces tristes factions, céderont au danger
D'abandonner la France au fils de l'étranger.
Je vois que de l'Anglais la race est peu chérie;
Que leur joug est pesant; qu'on aime la patrie;
Que le sang des Capets est toujours adoré.
Tôt où tard il faudra que de ce tronc sacré
Les rameaux divisés et courbés par l'orage,
Plus unis et plus beaux, soient notre unique ombrage.
Nous, seigneur, n'avons-nous rien à nous reprocher;
Le sort au prince anglais voulut nous attacher;
De votre sang, du sien, la querelle est commune;
Vous suivez son parti, je suis votre fortune.
Comme vous, aux Anglais le destin m'a lié,
Vous, par le droit du sang, moi, par votre amitié;

Permettez-moi ce mot.... Eh quoi ! votre ame émue. ..

VENDÔME.

Ah ! voilà ce guerrier qu'on amène à ma vue.

SCÈNE II.

VENDOME, LE DUC DE NEMOURS, COUCY, SOLDATS, SUITE.

VENDÔME.

Il soupire, il paraît accablé de regrets.

COUCY.

Son sang sur son visage a confondu ses traits;
Il est blessé, sans doute.

NEMOURS, *dans le fond du théâtre.*

Entreprise funeste !
Qui de ma triste vie arrachera le reste !
Où me conduisez vous ?

VENDÔME.

Devant votre vainqueur
Qui sait d'un ennemi respecter la valeur.
Venez; ne craignez rien.

NEMOURS, *se tournant vers son écuyer.*

Je ne crains que de vivre ;
Sa présence m'accable, et je ne puis poursuivre.
Il ne me connaît plus, et mes sens attendris.....

VENDÔME.

Quelle voix, quels accents ont frappé mes esprits ?

NEMOURS, *le regardant.*

M'as-tu pu méconnaître ?

VENDÔME, *l'embrassant.*

Ah, Nemours ! ah, mon frère !

NEMOURS.

Ce nom jadis si cher, ce nom me désespère.
Je ne le suis que trop ce frère infortuné,
Ton ennemi vaincu, ton captif enchaîné.

VENDÔME.

Tu n'es plus que mon frère. Ah, moment plein de charmes
Ah! laisse-moi laver ton sang avec mes larmes.

(à sa suite.)

Avez-vous par vos soins....

NEMOURS.

Oui, leurs cruels secours
Ont arrêté mon sang, ont veillé sur mes jours,
De la mort que je cherche ont écarté l'approche.

VENDÔME.

Ne te détourne point; ne crains point mon reproche
Mon cœur te fut connu; peux-tu t'en défier?
Le bonheur de te voir me fait tout oublier:
J'eusse aimé contre un autre à montrer mon courage
Hélas! que je te plains!

NEMOURS.

Je te plains davantage
De haïr ton pays, de trahir sans remords
Et le roi qui t'aimait, et le sang dont tu sors.

VENDÔME.

Arrête: épargne-moi l'infâme nom de traître;
A cet indigne mot je m'oublierais peut-être;
Frémis d'empoisonner la joie et les douceurs
Que ce tendre moment doit verser dans nos cœurs;
Dans ce jour malheureux, que l'amitié l'emporte!

NEMOURS.

Quel jour!

VENDÔME.

Je le bénis.

NEMOURS.

Il est affreux.

VENDÔME.

N'importe:
Tu vis, je te revois, et je suis trop heureux.
O ciel! de tous côtés vous remplissez mes vœux!

NEMOURS.

Je te crois. On disait que d'un amour extrême,
Violent, effréné (car c'est ainsi qu'on aime),
Ton cœur, depuis trois mois, s'occupait tout entier.

VENDÔME.

J'aime; oui, la renommée a pu le publier;
Oui, j'aime avec fureur: une telle alliance
Semblait pour mon bonheur attendre ta présence;
Oui, mes ressentiments, mes droits, mes alliés,
Gloire, amis, ennemis, je mets tout à ses pieds.
(*à un officier de sa suite.*)
Allez, et dites-lui que deux malheureux frères,
Jetés par le destin dans des partis contraires,
Pour marcher désormais sous le même étendard,
De ses yeux souverains n'attendent qu'un regard.
(*à Nemours*)
Ne blâme point l'amour où ton frère est en proie;
Pour me justifier il suffit qu'on la voie.

NEMOURS.

O ciel!..... elle vous aime!....

VENDÔME.

Elle le doit, du moins
Il n'était qu'un obstacle aux succès de mes soins;
Il n'en est plus; je veux que rien ne nous sépare.

NEMOURS.

Quels effroyables coups le cruel me prépare!
Écoute : à ma douleur ne veux-tu qu'insulter?
Me connais-tu? sais-tu ce que j'ose attenter?
Dans ces funestes lieux sais-tu ce qui m'amène?

VENDÔME.

Oublions ces sujets de discorde et de haine.

SCÈNE III.

VENDOME, NEMOURS, ADÉLAIDE, COUCY.

VENDÔME.

Madame, vous voyez que du sein du malheur
Le ciel, qui nous protège, a tiré mon bonheur.
J'ai vaincu, je vous aime, et je retrouve un frère :
Sa présence à mon cœur vous rend encor plus chère.

ADÉLAÏDE.

Le voici! malheureuse! ah, cache au moins tes pleurs!

NEMOURS, *entre les bras de son écuyer.*

Adélaïde..... ô ciel!..... c'en est fait, je me meurs.

VENDÔME.

Que vois-je! sa blessure à l'instant s'est rouverte!
Son sang coule.

NEMOURS.

Est-ce à toi de prévenir ma perte?

VENDÔME.

Ah, mon frère!

NEMOURS.

Ote-toi, je chéris mon trépas.

ADÉLAÏDE.

Ciel!..... Nemours!

NEMOURS, *à Vendôme.*

Laisse-moi.

VENDÔME.

Je ne te quitte pas.

SCÈNE IV.

ADÉLAIDE, TAISE.

ADÉLAÏDE.

On l'emporte, il expire : il faut que je le suive.

TAÏSE.

Ah ! que cette douleur se taise et se captive.
Plus vous l'aimez, madame, et plus il faut songer
Qu'un rival violent....

ADÉLAÏDE.

Je songe à son danger.
Voilà ce que l'amour et mon malheur lui coûte.
Taïse, c'est pour moi qu'il combattait, sans doute,
C'est moi que dans ces murs il osait secourir;
Il servait son monarque, il m'allait conquérir.
Quel prix de tant de soins ! quel fruit de sa constance!
Hélas! mon tendre amour accusait son absence :
Je demandais Nemours, et le ciel me le rend :
J'ai revu ce que j'aime, et l'ai revu mourant ;
Ces lieux sont teints du sang qu'il versait à ma vue.
Ah, Taïse! est-ce ainsi que je lui suis rendue?
Va le trouver; va, cours auprès de mon amant.

TAÏSE.

Eh! ne craignez-vous pas que tant d'empressement
N'ouvre les yeux jaloux d'un prince qui vous aime ?
Tremblez de découvrir.. ..

ADÉLAÏDE.

J'y volerai moi-même.
D'une autre main, Taïse, il reçoit des secours!
Un autre a le bonheur d'avoir soin de ses jours?
Il faut que je le voie, et que de son amante
La faible main s'unisse à sa main défaillante,
Hélas! des mêmes coups nos deux cœurs pénétrés....

TAÏSE.

Au nom de cet amour arrêtez, demeurez;
Reprenez vos esprits.

ADÉLAÏDE

Rien ne m'en peut distraire.

SCÈNE V.

VENDOME, ADÉLAIDE, TAISE.

ADÉLAÏDE.

Ah, prince! en quel état laissez-vous votre frère?

VENDÔME.

Madame, par mes mains son sang est arrêté;
Il a repris sa force et sa tranquillité.
Je suis le seul à plaindre et le seul en alarmes:
Je mouille en frémissant mes lauriers de mes larmes;
Et je hais ma victoire et mes prospérités,
Si je n'ai par mes soins vaincu vos cruautés;
Si votre incertitude, alarmant mes tendresses,
Ose encor démentir la foi de vos promesses.

ADÉLAÏDE.

Je ne vous promis rien; vous n'avez point ma foi.
Et la reconnaissance est tout ce que je doi.

VENDÔME.

Quoi! lorsque de ma main je vous offrais l'hommage!..

ADÉLAÏDE.

D'un si noble présent j'ai vu tout l'avantage :
Et sans chercher ce rang qui ne m'était pas dû,
Par de justes respects je vous ai répondu.
Vos bienfaits, votre amour, et mon amitié même,
Tout vous flattait sur moi d'un empire suprême ;
Tout vous a fait penser qu'un rang si glorieux,
Présenté par vos mains, éblouirait mes yeux ;
Vous vous trompiez : il faut rompre enfin le silence.
Je vais vous offenser, je me fais violence ;
Mais, réduite à parler, je vous dirai, seigneur,
Que l'amour de mes rois est gravé dans mon cœur.
De votre sang au mien je vois la différence ;
Mais celui dont je sors a coulé pour la France.
Ce digne connétable en mon cœur a transmis
La haine qu'un Français doit à ses ennemis ;
Et sa nièce jamais n'acceptera pour maître
L'allié des Anglais, quelque grand qu'il puisse être.
Voilà les sentiments que son sang m'a tracés ;
Et s'ils vous font rougir, c'est vous qui m'y forcez.

VENDÔME.

Je suis, je l'avouerai, surpris de ce langage ;
Je ne m'attendais pas à ce nouvel outrage,
Et n'avais pas prévu que le sort en courroux
Pour m'accabler d'affronts dût se servir de vous.
Vous avez fait, madame, une secrète étude
Du mépris, de l'insulte, et de l'ingratitude ;
Et votre cœur enfin, lent à se déployer,
Hardi par ma faiblesse, a paru tout entier.
Je ne connaissais pas tout ce zèle héroïque,
Tant d'amour pour vos rois, ou tant de politique.
Mais vous, qui m'outragez, me connaissez-vous bien ?

Vous reste-t-il ici de parti que le mien ?
Vous qui me devez tout, vous qui, sans ma défense,
Auriez de ces Français assouvi la vengeance,
De ces mêmes Français à qui vous vous vantez
De conserver la foi d'un cœur que vous m'ôtez !
Est-ce donc là le prix de vous avoir servie ?

ADÉLAÏDE.

Oui, vous m'avez sauvée ; oui, je vous dois la vie :
Mais, seigneur, mais, hélas, n'en puis-je disposer ?
Me la conserviez-vous pour la tyranniser ?

VENDÔME.

Je deviendrai tyran, mais moins que vous, cruelle ;
Mes yeux lisent trop bien dans votre ame rebelle.
Tous vos prétextes faux m'apprennent vos raisons :
Je vois mon déshonneur, je vois vos trahisons.
Quel que soit l'insolent que ce cœur me préfère,
Redoutez mon amour, tremblez de ma colère :
C'est lui seul désormais que mon bras va chercher ;
De son cœur tout sanglant j'irai vous arracher ;
Et si, dans les horreurs du sort qui nous accable,
De quelque joie encor ma fureur est capable,
Je la mettrai, perfide, à vous désespérer.

ADÉLAÏDE.

Non, seigneur, la raison saura vous éclairer ;
Non, votre ame est trop noble, elle est trop élevée
Pour opprimer ma vie après l'avoir sauvée.
Mais si votre grand cœur s'avilissait jamais
Jusqu'à persécuter l'objet de vos bienfaits,
Sachez que ces bienfaits, vos vertus, votre gloire,
Plus que vos cruautés, vivront dans ma mémoire.
Je vous plains, vous pardonne, et veux vous respecter ;
Je vous ferai rougir de me persécuter ;

Et je conserverai, malgré votre menace,
Une ame sans courroux, sans crainte et sans audace.

VENDÔME.

Arrêtez; pardonnez aux transports égarés,
Aux fureurs d'un amant que vous désespérez.
Je vois trop qu'avec vous Coucy d'intelligence
D'une cour qui me hait embrasse la défense,
Que vous voulez tous deux m'unir à votre roi,
Et de mon sort enfin disposer malgré moi;
Vos discours sont les siens. Ah! parmi tant d'alarmes,
Pourquoi recourez-vous à ces nouvelles armes?
pour gouverner mon cœur, l'asservir, le changer,
Aviez-vous donc besoin d'un secours étranger?
Aimez, il suffira d'un mot de votre bouche.

ADÉLAÏDE.

Je ne vous cache point que du soin qui me touche
A votre ami, seigneur, mon cœur s'était remis;
Je vois qu'il a plus fait qu'il ne m'avait promis.
Ayez pitié des pleurs que mes yeux lui confient:
Vous les faites couler, que vos mains les essuient.
Devenez assez grand pour apprendre à dompter
Des feux que mon devoir me force à rejeter;
Laissez-moi tout entière à la reconnaissance.

VENDÔME.

Le seul Coucy sans doute a votre confiance;
Mon outrage est connu; je sais vos sentiments.

ADÉLAÏDE.

Vous les pourrez, seigneur, connaître avec le temps,
Mais vous n'aurez jamais le droit de les contraindre,
Ni de les condamner, ni même de vous plaindre.
D'un guerrier généreux j'ai recherché l'appui;
Imitez sa grande ame, et pensez comme lui.

SCÈNE VI.

VENDOME.

Eh bien, c'en est donc fait, l'ingrate, la parjure,
A mes yeux, sans rougir, étale mon injure :
De tant de trahisons l'abîme est découvert,
Je n'avais qu'un ami, c'est lui seul qui me perd.
Amitié, vain fantôme, ombre que j'ai chérie,
Toi qui me consolais des malheurs de ma vie,
Bien que j'ai trop aimé, que j'ai trop méconnu,
Trésor cherché sans cesse, et jamais obtenu,
Tu m'as trompé, cruelle, autant que l'amour même,
Et maintenant, pour prix de mon amour extrême,
Détrompé des faux biens trop faits pour me charmer.
Mon destin me condamne à ne plus rien aimer.
Le voilà cet ingrat qui, fier de son parjure,
Vient encor de ses mains déchirer ma blessure.

SCÈNE VII.

VENDOME, COUCY.

COUCY.

PRINCE, me voilà prêt; disposez de mon bras.....
Mais d'où naît à mes yeux cet étrange embarras ?
Quand vous avez vaincu, quand vous sauvez un frère,
Heureux de tous côtés, qui peut donc vous déplaire ?

VENDÔME.

Je suis désespéré, je suis haï, jaloux.

COUCY.

Eh bien! de vos soupçons quel est l'objet ? qui ?

VENDÔME.

Vous.

Vous, dis-je, et du refus qui vient de me confondre,
C'est vous, ingrat ami, qui devez me répondre.
Je sais qu'Adélaïde ici vous a parlé;
En vous nommant à moi la perfide a tremblé;
Vous affectez sur elle un odieux silence,
Interprète muet de votre intelligence :
Elle cherche à me fuir, et vous à me quitter.
Je crains tout, je crois tout.

COUCY.

Voulez-vous m'écouter?

VENDÔME.

Je le veux.

COUCY.

Pensez-vous que j'aime encor la gloire?
M'estimez-vous encore, et pourrez-vous me croire?

VENDÔME.

Oui jusqu'à ce moment je vous crus vertueux;
Je vous crus mon ami.

COUCY.

Ces titres glorieux
Furent toujours pour moi l'honneur le plus insigne;
Et vous allez juger si mon ame en est digne.
Sachez qu'Adélaïde avait touché mon cœur
Avant que, de sa vie heureux libérateur,
Vous eussiez par vos soins, par cet amour sincère,
Surtout par vos bienfaits, tant de droit de lui plaire.
Moi, plus soldat que tendre, et dédaignant toujours
Ce grand art de séduire, inventé dans les cours,
Ce langage flatteur, et souvent si perfide,
Peu fait pour mon esprit, peut-être trop rigide,
Je lui parlais d'hymen; et ce nœud respecté,
Resserré par l'estime et par l'égalité,

Pouvait lui préparer des destins plus propices
Qu'un rang plus élevé, mais sur des précipices.
Hier avec la nuit je vins dans vos remparts :
Tout votre cœur parut à mes premiers regards ;
De cet ardent amour la nouvelle semée
Par vos emportemens me fut trop confirmée.
Je vis de vos chagrins les funestes accès ;
J'en approuvai la cause, et j'en blâmai l'excès.
Aujourd'hui j'ai revu cet objet de vos larmes;
D'un œil indifférent j'ai regardé ses charmes ;
Libre et juste auprès d'elle, à vous seul attaché,
J'ai fait valoir les feux dont vous êtes touché
J'ai de tous vos bienfaits rappelé la mémoire,
L'éclat de votre rang, celui de votre gloire,
Sans cacher vos défauts, vantant votre vertu
Et pour vous contre moi j'ai fait ce que j'ai dû
Je m'immole à vous seul, et je me rends justice;
Et, si ce n'est assez d'un si grand sacrifice,
S'il est quelque rival qui vous ose outrager,
Tout mon sang est à vous, et je cours vous venger.

VENDÔME.

Ah ! généreux ami, qu'il faut que je révère!
Oui, le destin dans toi me donne un second frère.
Je n'en étais pas digne, il le faut avouer ;
Mon cœur.....

COUCY.

Aimez-moi, prince, au lieu de me louer;
Et si vous me devez quelque reconnaissance,
Faites votre bonheur; il est ma récompense.
Vous voyez qu'elle ardente et fiere inimitié
Votre frère nourrit contre votre allié :
Sur ce grand intérêt souffrez que je m'explique.

Vous m'avez soupçonné de trop de politique.
Quand j'ai dit que bientôt on verrait réunis
Les débris dispersés de l'empire des lis.
Je vous le dis encore au sein de votre gloire ;
Et vos lauriers brillans, cueillis par la victoire,
Pourront sur votre front se flétrir désormais,
S'ils n'y sont soutenus de l'olive de paix.
Tous les chefs de l'état, lassés de ces ravages,
Cherchent un port tranquille après tant de naufrages ;
Gardez d'être réduit au hazard dangereux
De vous voir ou trahir, ou prévenir par eux;
Passez-les en prudence aussi-bien qu'en courage,
De cet heureux moment prenez tout l'avantage ;
Gouvernez la fortune et sachez l'asservir :
C'est perdre ses faveurs que tarder d'en jouir,
Ses retours sont fréquents, vous devez les connaître.
Il est beau de donner la paix à votre maître :
Son égal aujourd'hui, demain dans l'abandon,
Vous vous verrez réduit à demander pardon.
La gloire vous conduit, que la raison vous guide

VENDÔME.

Brave et prudent Coucy, crois-tu qu'Adélaïde
Dans son cœur amolli partagerait mes feux
Si le même parti nous unissait tous deux?
Penses-tu qu'à m'aimer je pourrais la réduire.

COUCY.

Dans le fond de son cœur je n'ai point voulu lire :
Mais qu'importent pour vous ses vœux et ses desseins?
Faut-il que l'amour seul fasse ici nos destins?
Lorsque Philippe-Auguste, aux plaines de Bovines,
De l'état déchiré répara les ruines ;
Quand seul il arrêta, dans nos champs inondés,

De l'empire germain les torrents débordés;
Tant d'honneurs étaient ils l'effet de sa tendresse?
Sauva-t-il son pays pour plaire à sa maîtresse?
Verrai-je un si grand cœur à ce point s'avilir?
Le salut d'un état dépend-il d'un soupir?
Aimez, mais en héros qui maîtrise son ame,
Qui gouverne à la fois ses états et sa flamme.
Mon bras contre un rival est prêt à vous servir:
Je voudrais faire plus, je voudrais vous guérir.
On connaît peu l'amour, on craint trop son amorce;
C'est sur nos lâchetés qu'il a fondé sa force;
C'est nous qui, sous son nom, troublons notre repos
Il est tyran du faible, esclave du héros.
Puisque je l'ai vaincu, puisque je le dédaigne,
Dans l'ame d'un Bourbon souffrirez-vous qu'il règne?
Vos autres ennemis par vous sont abattus,
Et vous devez en tout l'exemple des vertus.

VENDÔME.

Le sort en est jeté, je ferai tout pour elle:
Il faut bien à la fin désarmer la cruelle;
Ses lois seront mes lois, son roi sera le mien;
Je n'aurai de parti, de maître que le sien.
Possesseur d'un trésor où s'attache ma vie,
Avec mes ennemis je me réconcilie;
Je lirai dans ses yeux mon sort et mon devoir;
Mon cœur est enivré de cet heureux espoir;
Enfin plus de prétexte à ses refus injustes;
Raison, gloire, intérêt, et tous ces droits augustes
Des princes de mon sang et de mes souverains,
Sont des liens sacrés resserrés par ses mains.
Du roi, puisqu'il le faut, soutenons la couronne;
La vertu le conseille, et la beauté l'ordonne.

Je veux entre tes mains, en ce fortuné jour,
Sceller tous les serments que je fais à l'amour :
Quant à mes intérêts, que toi seul en décide.

COUCY.

Souffrez donc près du roi que mon zèle me guide;
Peut-être il eût fallu que ce grand changement
Ne fût dû qu'au héros, et non pas à l'amant :
Mais si d'un si grand cœur une femme dispose,
L'effet en est trop beau pour en blâmer la cause;
Et mon cœur, tout rempli de cet heureux retour,
Bénit votre faiblesse, et rend grâce à l'amour.

FIN DU SECOND ACTE.

ACTE TROISIÈME.

SCÈNE I.

NEMOURS, DANGESTE.

NEMOURS.

COMBAT infortuné; destin qui me poursuis!
O mort, mon seul recours, douce mort qui me fuis!
Ciel! n'as-tu conservé la trame de ma vie
Que pour tant de malheurs et tant d'ignominie?
Adélaïde.... au moins pourrai-je la revoir?

DANGESTE.

Vous la verrez, seigneur!

NEMOURS.

Ah! mortel désespoir!
Elle ose me parler, et moi je le souhaite!

DANGESTE.

Seigneur, en quel état votre douleur vous jette!
Vos jours sont en péril, et ce sang agité....

NEMOURS.

Mes déplorables jours sont trop en sûreté;
Ma blessure est légère, elle m'est insensible;
Que celle de mon cœur est profonde et terrible!

DANGESTE.

Remerciez les cieux de ce qu'ils ont permis
Que vous ayez trouvé de si chers ennemis.
Il est dur de tomber dans des mains étrangères:
Vous êtes prisonnier du plus tendre des frères

NEMOURS.

Mon frère ! ah ! malheureux !

DANGESTE.

Il vous était lié
Par les nœuds les plus saints d'une pure amitié ;
Que n'éprouvez-vous point de sa main secourable !

NEMOURS.

Sa fureur m'eût flatté ; son amitié m'accable.

DANGESTE.

Quoi ! pour être engagé dans d'autres intérêts,
Le haïssez-vous tant ?

NEMOURS.

Je l'aime, et je me hais ;
Et, dans les passions de mon ame éperdue,
La voix de la nature est encore entendue.

DANGESTE.

Si contre un frère aimé vous avez combattu,
J'en ai vu quelque temps frémir votre vertu ;
Mais le roi l'ordonnait, et tout vous justifie.
L'entreprise était juste aussi-bien que hardie.
Je vous ai vu remplir, dans cet affreux combat,
Tous les devoirs d'un chef, et tous ceux d'un soldat ;
Et vous avez rendu, par des faits incroyables,
Votre défaite illustre, et vos fers honorables.
On a perdu bien peu, quand on garde l'honneur.

NEMOURS.

Non, ma défaite, ami, ne fait point mon malheur.
Du Guesclin, des Français l'amour et le modèle,
Aux Anglais si terrible, à son roi si fidèle,
Vit ses honneurs flétris par de plus grands revers :
Deux fois sa main puissante a langui dans les fers :
Il n'en fut que plus grand, plus fier et plus à craindre,

Et son vainqueur tremblant fut bientôt seul à plaindre.
Du Guesclin, nom sacré, nom toujours précieux,
Quoi! ta coupable nièce évite encor mes yeux!
Ah! sans doute, elle a dû redouter mes reproches.
Ainsi donc, cher Dangeste, elle fuit tes approches?
Tu n'as pu lui parler?

DANGESTE.

Seigneur, je vous ai dit
Que bientôt....

NEMOURS.

Ah, pardonne à mon cœur interdit.
Trop chère Adélaïde! Eh bien! quand tu l'as vue,
Parle, à mon nom du moins paraissait-elle émue?

DANGESTE.

Votre sort en secret paraissait la toucher;
Elle versait des pleurs, et voulait les cacher.

NEMOURS.

Elle pleure, et m'outrage! elle pleure, et m'opprime!
Son cœur, je le vois bien, n'est pas né pour le crime:
Pour me sacrifier elle aura combattu;
La trahison la gêne, et pèse à sa vertu:
Faible soulagement à ma fureur jalouse!
T'a-t-on dit en effet que mon frère l'épouse?

DANGESTE.

S'il s'en vantait lui-même, en pouvez-vous douter?

NEMOURS.

Il l'épouse! à ma honte elle vient insulter!
Ah Dieu!

SCÈNE II

ADÉLAÏDE, NEMOURS.

ADÉLAÏDE.

Le ciel vous rend à mon ame attendrie;
En veillant sur vos jours il conserva ma vie.
Je vous revois, cher prince, et mon cœur empressé..
Juste ciel! quels regards, et quel accueil glacé!

NEMOURS.

L'intérêt qu'à mes jours vos bontés daignent prendre
Est d'un cœur généreux; mais il doit me surprendre.
Vous aviez en effet besoin de mon trépas :
Mon rival plus tranquille eût passé dans vos bras;
Libre dans vos amours et sans inquiétude,
Vous jouiriez en paix de votre ingratitude:
Et les remords honteux qu'elle traîne après soi,
S'il peut vous en rester, périssaient avec moi.

ADÉLAÏDE.

Hélas! que dites-vous? Quelle fureur subite....

NEMOURS.

Non, votre changement n'est pas ce qui m'irrite.

ADÉLAÏDE.

Mon changement? Nemours!

NEMOURS.

A vous seule asservi,
Je vous aimai trop bien pour n'être point trahi;
C'est le sort des amants et ma honte est commune:
Mais que vous insultiez vous-même à ma fortune!
Qu'en ces murs, où vos yeux ont vu couler mon sang,
Vous acceptiez la main qui m'a percé le flanc,

Et que vous osiez joindre à l'horreur qui m'accable
D'une fausse pitié l'affront insupportable !
Qu'à mes yeux....

ADÉLAÏDE.

Ah ! plutôt donnez-moi le trépas ;
Immolez votre amante, et ne l'accusez pas.
Mon cœur n'est point armé contre votre colère,
Cruel, et vos soupçons manquaient à ma misère.
Ah ! Nemours, de quels maux nos jours empoisonnés....

NEMOURS.

Vous me plaignez, cruelle, et vous m'abandonnez !

ADÉLAÏDE.

Je vous pardonne, hélas ! cette fureur extrême,
Tout, jusqu'à vos soupçons ; jugez si je vous aime.

NEMOURS.

Vous m'aimeriez ? qui, vous ? et Vendôme à l'instant
Entoure de flambeaux l'autel qui vous attend ;
Lui-même il m'a vanté sa gloire et sa conquête.
Le barbare ! il m'invite à cette horrible fête !
Que plutôt...,

ADÉLAÏDE.

Ah, cruel ! me faut-il employer
Les moments de vous voir à me justifier ?
Votre frère, il est vrai, persécute ma vie,
Et par un fol amour, et par sa jalousie,
Et par l'emportement dont je crains les effets,
Et, le dirai-je encor, seigneur ? par ses bienfaits.
J'atteste ici le ciel, témoin de ma conduite....
Mais pourquoi l'attester ? Nemours, suis-je réduite,
Pour vous persuader de si vrais sentiments,
Au secours inutile et honteux des serments ?

Non, non; vous connaissez le cœur d'Adélaïde;
C'est vous qui conduisez ce cœur faible et timide.

NEMOURS.

Mais mon frère vous aime?

ADÉLAÏDE.

Ah! n'en redoutez rien.

NEMOURS.

Il sauva vos beaux jours!

ADÉLAÏDE.

Il sauva votre bien:
Dans Cambrai, je l'avoue, il daigna me défendre;
Au roi que nous servons il promit de me rendre;
Et mon cœur se plaisait, trompé par mon amour,
Puisqu'il est votre frère, à lui devoir le jour.
J'ai répondu, seigneur, à sa flamme funeste
Par un refus constant, mais tranquille et modeste,
Et mêlé du respect que je devrai toujours
A mon libérateur, au frère de Nemours:
Mais mon respect l'enflamme, et mon refus l'irrite;
J'anime, en l'évitant, l'ardeur de sa poursuite;
Tout doit, si je l'en crois, céder à son pouvoir;
Lui plaire est ma grandeur, l'aimer est mon devoir.
Qu'il est loin, juste dieu! de penser que ma vie,
Que mon ame à la vôtre est pour jamais unie,
Que vous causez les pleurs dont mes yeux sont chargés,
Que mon cœur vous adore, et que vous m'outragez!
Oui, vous êtes tous deux formés pour mon supplice,
Lui, par sa passion; vous, par votre injustice;
Vous, Nemours, vous ingrat, que je vois aujourd'hui
Moins amoureux peut-être, et plus cruel que lui.

NEMOURS.

C'en est trop.... pardonnez.... voyez mon ame en proie

A l'amour, aux remords, à l'excès de ma joie.
Digne et charmant objet d'amour et de douleur,
Ce jour infortuné, ce jour fait mon bonheur.
Glorieux, satisfait, dans un sort si contraire,
Tout captif que je suis, j'ai pitié de mon frère:
Il est le seul à plaindre avec votre courroux;
Et je suis son vainqueur étant aimé de vous.

SCÈNE III

VENDÔME, NEMOURS, ADÉLAÏDE.

VENDÔME.

Connaissez donc enfin jusqu'où va ma tendresse,
Et tout votre pouvoir, et toute ma faiblesse:
Et vous, mon frère, et vous, soyez ici témoin
Si l'excès de l'amour peut emporter plus loin.
Ce que votre amitié, ce que votre prière,
Les conseils de Coucy, le roi, la France entière,
Exigeaient de Vendôme, et qu'ils n'obtenaient pas.
Soumis et subjugué, je l'offre à ses appas.
L'amour, qui malgré vous nous a faits l'un pour l'autre,
Ne me laisse de choix, de parti que le vôtre;
Je prends mes lois de vous; votre maître est le mien:
De mon frère et de moi soyez l'heureux lien;
Soyez-le de l'état, et que ce jour commence
Mon bonheur et le vôtre, et la paix de la France.
Vous, courez, mon cher frère, allez dès ce moment
Annoncer à la cour un si grand changement.
Moi, sans perdre de temps, dans ce jour d'allégresse
Qui m'a rendu mon roi, mon frère, et ma maîtresse,
D'un bras vraiment français je vais, dans nos remparts,
Sous nos lis triomphants briser les léopards.

Soyez libre, partez, et de mes sacrifices
Allez offrir au roi les heureuses prémices.
Puissé-je à ses génoux présenter aujourd'hui
Celle qui m'a domté, qui me ramène à lui,
Qui d'un prince ennemi fait un sujet fidèle,
Changé par ses regards, et vertueux par elle!

NEMOURS.

(*à part.*)
Il fait ce que je veux, et c'est pour m'accabler!
(*à Adélaïde.*)
Prononçez notre arrêt, madame, il faut parler.

VENDÔME.

Eh quoi! vous demeurez interdite et muette?
De mes soumissions êtes-vous satisfaite?
Est-ce assez qu'un vainqueur vous implore à genoux?
Faut-il encor ma vie, ingrate? elle est à vous;
Vous n'avez qu'à parler, j'abandonne sans peine
Ce sang infortuné proscrit par votre haine.

ADÉLAÏDE.

Seigneur, mon cœur est juste; on ne m'a vu jamais
Mépriser vos bontés et haïr vos bienfaits;
Mais je ne puis penser qu'à mon peu de puissance
Vendôme ait attaché le destin de la France;
Qu'il n'ait lu son devoir que dans mes faibles yeux;
Qu'il ait besoin de moi pour être vertueux:
Vos desseins ont sans doute une source plus pure;
Vous avez consulté le devoir, la nature;
L'amour a peu de part où doit régner l'honneur.

VENDÔME.

L'amour seul a tout fait, et c'est là mon malheur,
Sur tout autre intérêt ce triste amour l'emporte.
Accablez-moi de honte, accusez-moi, n'importe.

Dussé-je vous déplaire et forcer votre cœur,
L'autel est prêt ; venez.

NEMOURS.

Vous osez.....

ADÉLAÏDE.

Non, seigneur:
Avant que je vous cède, et que l'hymen nous lie,
Aux yeux de votre frère arrachez-moi la vie.
Le sort met entre nous un obstacle éternel;
Je ne puis être à vous.

VENDÔME.

Nemours.... ingrate.... Ah ciel!
C'en est donc fait...mais non...mon cœur sait se contraindre;
Vous ne méritez pas que je daigne m'en plaindre.
Vous auriez dû peut-être, avec moins de détour,
Dans ses premiers transports étouffer mon amour,
Et par un prompt aveu, qui m'eût guéri sans doute,
M'épargner les affronts que ma bonté me coûte.
Mais je vous rends justice; et ces séductions
Qui vont au fond des cœurs chercher nos passions,
L'espoir qu'on donne à peine, afin qu'on le saisisse,
Ce poison préparé des mains de l'artifice,
Sont les armes d'un sexe aussi trompeur que vain,
Que l'œil de la raison regarde avec dédain.
Je suis libre par vous : cet art que je déteste,
Cet art qui m'enchaîna, brise un joug si funeste;
Et je ne prétends pas, indignement épris,
Rougir devant mon frère, et souffrir des mépris.
Montrez-moi seulement ce rival qui se cache,
Je lui cède avec joie un poison qu'il m'arrache;
Je vous dédaigne assez tous deux pour vous unir,
Perfide! et c'est ainsi que je dois vous punir.

ADÉLAÏDE.

Je devrais seulement vous quitter et me taire;
Mais je suis accusée, et ma gloire m'est chère.
Votre frère est présent, et mon honneur blessé
Doit repousser les traits dont il est offensé.
Pour un autre que vous ma vie est destinée;
Je vous en fais l'aveu, je m'y vois condamnée.
Oui, j'aime; et je serais indigne devant vous
De celui que mon cœur s'est promis pour époux,
Indigne de l'aimer, si, par ma complaisance,
J'avais à votre amour laissé quelque espérance.
Vous avez regardé ma liberté, ma foi,
Comme un bien de conquête, et qui n'est plus à moi.
Je vous devais beaucoup; mais une telle offense
Ferme à la fin mon cœur à la reconnaissance:
Sachez que des bienfaits qui font rougir mon front
A mes yeux indignés ne sont plus qu'un affront.
J'ai plaint de votre amour la violence vaine;
Mais, après ma pitié, n'attirez point ma haine.
J'ai rejeté vos vœux, que je n'ai point bravés;
J'ai voulu votre estime, et vous me la devez.

VENDÔME.

Je vous dois ma colère, et sachez qu'elle égale
Tous les emportements de mon amour fatale.
Quoi donc, vous attendiez, pour oser m'accabler,
Que Nemours fût présent, et me vît immoler?
Vous vouliez ce témoin de l'affront que j'endure?
Allez, je le croirais l'auteur de mon injure,
Si... mais il n'a point vu vos funestes appas;
Mon frère trop heureux ne vous connaissait pas.
Nommez donc mon rival; mais gardez-vous de croire
Que mon lâche dépit lui cède la victoire.

Je vous trompais; mon cœur ne peut feindre long-temps :
Je vous traîne à l'autel à ses yeux expirants ;
Et ma main, sur sa cendre, à votre main donnée,
Va tremper dans le sang les flambeaux d'hyménée.
Je sais trop qu'on a vu lâchement abusés
Pour des mortels obscurs des princes méprisés ;
Et mes yeux perceront, dans la foule inconnue,
Jusqu'à ce vil objet qui se cache à ma vue.

NEMOURS.

Pourquoi d'un choix indigne osez-vous l'accuser ?

VENDÔME.

Et pourquoi vous, mon frère, osez-vous l'excuser ?
Est-il vrai que de vous elle était ignorée ?
Ciel ! à ce piège affreux ma foi serait livrée !
Tremblez.

NEMOURS.

Moi, que je tremble ! ah ! j'ai trop dévoré
L'inexprimable horreur où toi seul m'as livré.
J'ai forcé trop long-temps mes transports au silence :
Connais-moi donc, barbare, et remplis ta vengeance ;
Connais un désespoir à tes fureurs égal :
Frappe, voilà mon cœur, et voilà ton rival.

VENDÔME.

Toi, cruel ! toi, Nemours ?

NEMOURS.

Oui, depuis deux années,
L'amour la plus secrète a joint nos destinées.
C'est toi dont les fureurs ont voulu m'arracher
Le seul bien sur la terre où j'ai pu m'attacher.
Tu fais depuis trois mois les horreurs de ma vie ;
Les maux que j'éprouvais passaient ta jalousie :
Par tes égarements juge de mes transports.

Nous puisâmes tous deux dans ce sang dont je sors
L'excès des passions qui dévorent une ame;
La nature à tous deux fit un cœur tout de flamme.
Mon frère est mon rival, et je l'ai combattu;
J'ai fait taire le sang, peut-être la vertu :
Furieux, aveuglé, plus jaloux que toi-même,
J'ai couru, j'ai volé, pour t'ôter ce que j'aime;
Rien ne m'a retenu, ni tes superbes tours,
Ni le peu de soldats que j'avais pour secours,
Ni le lieu, ni le temps, ni surtout ton courage;
Je n'ai vu que ma flamme, et ton feu qui m'outrage.
L'amour fut dans mon cœur plus fort que l'amitié :
Sois cruel comme moi, punis-moi sans pitié;
Aussi-bien tu ne peux t'assurer ta conquête,
Tu ne peux l'épouser qu'aux dépens de ma tête.
A la face des cieux je lui donne ma foi;
Je te fais de nos vœux le témoin malgré toi.
Frappe, et qu'après ce coup ta cruauté jalouse
Traîne au pied des autels ta sœur et mon épouse;
Frappe, dis-je : oses-tu?

VENDÔME.

Traître, c'en est assez.
Qu'on l'ôte de mes yeux : soldats, obéissez.

ADÉLAÏDE.

(*aux soldats.*)
Non; demeurez, cruels... Ah! prince, est-il possible
Que la nature en vous trouve une ame inflexible?
Seigneur!

NEMOURS.

Vous, le prier? plaignez-le plus que moi;
Plaignez-le : il vous offense; il a trahi son roi.
Va, je suis dans ces lieux plus puissant que toi-même;

Je suis vengé de toi ; l'on te hait, et l'on m'aime.

ADÉLAÏDE.

(*à Nemours.*) (*à Vendôme.*)
Ah, cher prince... Ah, seigneur ! voyez à vos genoux...

VENDÔME.

(*aux soldats.*) (*à Adélaïde.*)
Qu'on m'en réponde, allez. Madame, levez-vous.
Vos prières, vos pleurs en faveur d'un parjure,
Sont un nouveau poison versé sur ma blessure :
Vous avez mis la mort dans ce cœur outragé ;
Mais, perfide, croyez que je mourrai vengé.
Adieu : si vous voyez les effets de ma rage,
N'en accusez que vous ; nos maux sont votre ouvrage.

ADÉLAÏDE.

Je ne vous quitte pas : écoutez-moi, seigneur.

VENDÔME.

Eh bien ! achevez donc de déchirer mon cœur ;
Parlez.

SCÈNE IV.

VENDÔME, NEMOURS, ADÉLAÏDE, COUCY, DANGESTE, UN OFFICIER, SOLDATS.

COUCY.

J'ALLAIS partir : un peuple téméraire
Se soulève en tumulte au nom de votre frère ;
Le désordre est partout ; vos soldats consternés
Désertent les drapeaux de leurs chefs étonnés ;
Et, pour comble de maux, vers la ville alarmée
L'ennemi rassemblé fait marcher son armée.

VENDÔME.

Allez, cruelle, allez ; vous ne jouirez pas
Du fruit de votre haine et de vos attentats

Rentrez. Aux factieux je vais montrer leur maître.
(*à l'officier.*) (*à Coucy.*)
Qu'on la garde. Courons. Vous, veillez sur ce traître.

SCÈNE V.

NEMOURS, COUCY.

COUCY.

Le seriez-vous, seigneur? auriez-vous démenti
Le sang de ces héros dont vous êtes sorti?
Auriez-vous violé, par cette lâche injure,
Et les droits de la guerre, et ceux de la nature?
Un prince à cet excès pourrait-il s'oublier?

NEMOURS.

Non; mais suis-je réduit à me justifier?
Coucy, ce peuple est juste, il t'apprend à connaître
Que mon frère est rebelle, et que Charle est son maître

COUCY.

Écoutez: ce serait le comble de mes vœux
De pouvoir aujourd'hui vous réunir tous deux.
Je vois avec regret la France désolée,
A nos dissensions la nature immolée,
Sur nos communs débris l'Anglais trop élevé
Menaçant cet état par nous-même énervé.
Si vous avez un cœur digne de votre race,
Faites au bien public servir votre disgrâce;
Rapprochez les partis; unissez-vous à moi
Pour calmer votre frère, et fléchir votre roi,
Pour éteindre le feu de nos guerres civiles.

NEMOURS.

Ne vous en flattez pas, vos soins sont inutiles:

Si la discorde seule avait armé mon bras,
Si la guerre et la haine avaient conduit mes pas,
Vous pourriez espérer de réunir deux frères,
L'un de l'autre écartés dans des partis contraires;
Un obstacle plus grand s'oppose à ce retour.

COUCY.

Et quel est-il, seigneur?

NEMOURS.

Ah! reconnais l'amour;
Reconnais la fureur qui de nous deux s'empare,
Qui m'a fait téméraire, et qui le rend barbare.

COUCY.

Ciel! faut-il voir ainsi, par des caprices vains,
Anéantir le fruit des plus nobles desseins;
L'amour subjuguer tout; ses cruelles faiblesses
Du sang qui se révolte étouffer les tendresses;
Des frères se haïr; et naître en tous climats
Des passions des grands le malheur des états?
Prince, de vos amours laissons là le mystère.
Je vous plains tous les deux; mais je sers votre frère.
Je vais le seconder, je vais me joindre à lui
Contre un peuple insolent qui se fait votre appui.
Le plus pressant danger est celui qui m'appelle.
Je vois qu'il peut avoir une fin bien cruelle;
Je vois les passions plus puissantes que moi;
Et l'amour seul ici me fait frémir d'effroi.
Mon devoir a parlé; je vous laisse, et j'y vole.
Soyez mon prisonnier, mais sur votre parole;
Elle me suffira.

NEMOURS.

Je vous la donne.

COUCY.

Et moi
Je voudrais de ce pas porter la sienne au roi,
Je voudrais cimenter, dans l'ardeur de lui plaire,
Du sang de nos tyrans une union si chère.
Mais ces fiers ennemis sont bien moins dangereux
Que ce fatal amour qui vous perdra tous deux.

FIN DU TROISIÈME ACTE

ACTE QUATRIÈME.

SCÈNE I.

NEMOURS, ADÉLAÏDE, DANGESTE.

NEMOURS.

Non, non, ce peuple en vain s'armait pour ma défense ;
Mon frère, teint de sang, enivré de vengeance,
Devenu plus jaloux, plus fier et plus cruel,
Va traîner à mes yeux sa victime à l'autel.
Je ne suis donc venu disputer ma conquête
Que pour être témoin de cette horrible fête !
Et, dans le désespoir d'un impuissant courroux,
Je ne puis me venger qu'en me privant de vous !
Partez, Adélaïde.

ADÉLAÏDE.

Il faut que je vous quitte !...
Quoi ! vous m'abandonnez !... vous ordonnez ma fuite !

NEMOURS.

Il le faut ; chaque instant est un péril fatal
Vous êtes une esclave aux mains de mon rival.
Remercions le ciel dont la bonté propice
Nous suscite un secours au bord du précipice.
Vous voyez cet ami qui doit guider vos pas ;
Sa vigilance adroite a séduit des soldats.

(à Dangeste.)

Dangeste, ses malheurs ont droit à tes services :
Je suis loin d'exiger d'injustes sacrifices ;

Je respecte mon frère, et je ne prétends pas
Conspirer contre lui dans ses propres états.
Écoute seulement la pitié qui te guide,
Écoute un vrai devoir, et sauve Adélaïde.

ADÉLAÏDE.

Hélas! ma délivrance augmente mon malheur.
Je détestais ces lieux, j'en sors avec terreur.

NEMOURS.

Privez-moi par pitié d'une si chère vue :
Tantôt à ce départ vous étiez résolue ;
Le dessein était pris, n'osez-vous l'achever ?

ADÉLAÏDE.

Ah! quand j'ai voulu fuir, j'espérais vous trouver

NEMOURS.

Prisonnier sur ma foi, dans l'horreur qui me presse,
Je suis plus enchaîné par ma seule promesse
Que si de cet état les tyrans inhumains
Des fers les plus pesants avaient chargé mes mains :
Au pouvoir de mon frère ici l'honneur me livre ;
Je peux mourir pour vous, mais je ne peux vous suivre :
Vous suivrez cet ami par des détours obscurs
Qui vous rendront bientôt sous ces coupables murs ;
De la Flandre à sa voix on doit ouvrir la porte ;
Du roi sous les remparts il trouvera l'escorte.
Le temps presse, évitez un ennemi jaloux.

ADÉLAÏDE.

Je vois qu'il faut partir.... cher Nemours, et sans vous!

NEMOURS.

L'amour nous a rejoints, que l'amour nous sépare.

ADÉLAÏDE.

Qui! moi? que je vous laisse au pouvoir d'un barbare!

Seigneur, de votre sang l'Anglais est altéré;
Ce sang à votre frère est-il donc si sacré?
Craindra-t-il d'accorder, dans son courroux funeste,
Aux alliés qu'il aime un rival qu'il déteste?

NEMOURS.

Il n'oserait.

ADÉLAÏDE.

Son cœur ne connaît point de frein;
Il vous a menacé, menace-t-il en vain?

NEMOURS.

Il tremblera bientôt : le roi vient et nous venge;
La moitié de ce peuple à ses drapeaux se range.
Allez : si vous m'aimez, dérobez-vous aux coups
Des foudres allumés grondant autour de nous,
Au tumulte, au carnage, au désordre effroyable,
Dans des murs pris d'assaut malheur inévitable :
Mais craignez encor plus mon rival furieux;
Craignez l'amour jaloux qui veille dans ses yeux.
Je frémis de vous voir encor sous sa puissance;
Redoutez son amour autant que sa vengeance :
Cédez à mes douleurs; qu'il vous perde : partez.

ADÉLAÏDE.

Et vous vous exposez seul à ses cruautés?

NEMOURS.

Ne craignant rien pour vous, je craindrai peu mon frère;
Et bientôt mon appui lui devient nécessaire.

ADÉLAÏDE.

Aussi-bien que mon cœur, mes pas vous sont soumis.
Eh bien! vous l'ordonnez, je pars, et je frémis :
Je ne sais.... mais enfin la fortune jalouse
M'a toujours envié le nom de votre épouse.

NEMOURS.

Partez avec ce nom; la pompe des autels,
Ces voiles, ces flambeaux, ces témoins solennels,
Inutiles garants d'une foi si sacrée,
La rendront plus connue, et non plus assurée.
Vous, mânes des Bourbons, princes, rois mes aïeux,
Du séjour des héros tournez ici les yeux:
J'ajoute à votre gloire en la prenant pour femme;
Confirmez mes serments, ma tendresse, et ma flamme;
Adoptez-la pour fille, et puisse son époux
Se montrer à jamais digne d'elle et de vous!

ADÉLAÏDE.

Rempli de vos bontés mon cœur n'a plus d'alarmes;
Cher époux, cher amant....

NEMOURS.

Quoi, vous versez des larmes!
C'est trop tarder; adieu.... Ciel! quel tumulte affreux!

SCÈNE II.

ADÉLAÏDE, NEMOURS, VENDÔME, GARDES.

VENDÔME.

Je l'entends, c'est lui-même: arrête, malheureux!
Lâche qui me trahis, rival indigne, arrête!

NEMOURS.

Il ne te trahit point; mais il t'offre sa tête:
Porte à tous les excès ta haine et ta fureur;
Va, ne perds point de temps, le ciel arme un vengeur.
Tremble; ton roi s'approche, il vient, il va paraître,
Tu n'as vaincu que moi, redoute encor ton maître.

VENDÔME.

Il pourra te venger, mais non te secourir;
Et ton sang....

ADÉLAÏDE.

Non, cruel, c'est à moi de mourir.
J'ai tout fait : c'est par moi que ta garde est séduite ;
J'ai gagné tes soldats ; j'ai préparé ma fuite :
Punis ces attentats et ces crimes si grands
De sortir d'esclavage et de fuir ses tyrans ;
Mais respecte ton frère, et sa femme, et toi-même :
Il ne t'a point trahi, c'est un frère qui t'aime ;
Il voulait te servir, quand tu veux l'opprimer.
Quel crime a-t-il commis, cruel, que de m'aimer ?
L'amour n'est-il en toi qu'un juge inexorable ?

VENDÔME.

Plus vous le défendez, plus il devient coupable ;
C'est vous qui le perdez, vous qui l'assassinez ;
Vous par qui tous nos jours étaient empoisonnés ;
Vous qui, pour leur malheur, armiez des mains si chères,
Puisse tomber sur vous tout le sang des deux frères !
Vous pleurez ; mais vos pleurs ne peuvent me tromper ;
Je suis prêt à mourir, et prêt à le frapper.
Mon malheur est au comble ainsi que ma faiblesse.
Oui, je vous aime encor ; le temps, le péril presse :
Vous pouvez à l'instant parer le coup mortel ;
Voilà ma main, venez : sa grâce est à l'autel.

ADÉLAÏDE.

Moi, seigneur ?

VENDÔME.

C'est assez.

ADÉLAÏDE.

Moi, que je le trahisse !

VENDÔME.

Arrêtez.... répondez....

ADÉLAÏDE.

Je ne puis.

VENDÔME.

Qu'il périsse !

NEMOURS, *à Adélaïde.*

Ne vous laissez pas vaincre en ces affreux combats ;
Osez m'aimer assez pour vouloir mon trépas :
Abandonnez mon sort aux coups qu'il me prépare.
Je mourrai triomphant des coups de ce barbare ;
Et si vous succombiez à son lâche courroux,
Je n'en mourrais pas moins, mais je mourrais par vous.

VENDÔME.

Qu'on l'entraîne à la tour : allez, qu'on m'obéisse.

SCÈNE III.

VENDÔME, ADÉLAÏDE.

ADÉLAÏDE.

Vous, cruel, vous feriez cet affreux sacrifice !
De son vertueux sang vous pourriez vous couvrir
Quoi ! voulez-vous....

VENDÔME.

Je veux vous haïr et mourir,
Vous rendre malheureuse encor plus que moi-même,
Répandre devant vous tout le sang qui vous aime,
Et vous laisser des jours plus cruels mille fois
Que le jour où l'amour nous a perdus tous trois.
Laissez-moi ; votre vue augmente mon supplice.

SCÈNE IV.

VENDÔME, ADÉLAÏDE, COUCY.

ADÉLAÏDE, *à Coucy.*

Ah! je n'attends plus rien que de votre justice;
Coucy, contre un cruel osez me secourir.

VENDÔME.

Garde-toi de l'entendre, ou tu vas me trahir.

ADÉLAÏDE.

J'atteste ici le ciel....

VENDÔME.

Qu'on l'ôte de ma vue.
Ami, délivre-moi d'un objet qui me tue.

ADÉLAÏDE.

Va, tyran, c'en est trop; va, dans mon désespoir,
J'ai combattu l'horreur que je sens à te voir;
J'ai cru, malgré ta rage, à ce point emportée,
Qu'une femme du moins en serait respectée:
L'amour adoucit tout, hors ton barbare cœur;
Tigre, je t'abandonne à toute ta fureur.
Dans ton féroce amour immole tes victimes;
Compte, dès ce moment, ma mort parmi tes crimes
Mais compte encor la tienne: un vengeur va venir;
Par ton juste supplice il va tous nous unir.
Tombe avec tes remparts; tombe, et péris sans gloire;
Meurs, et que l'avenir prodigue à ta mémoire,
A tes feux, à ton nom, justement abhorrés,
La haine et le mépris que tu m'as inspirés.

SCÈNE V.

VENDÔME, COUCY.

VENDÔME.

Oui, cruelle ennemie, et plus que moi farouche,
Oui, j'accepte l'arrêt prononcé par ta bouche :
Que la main de la haine, et que les mêmes coups
Dans l'horreur du tombeau nous réunissent tous.
(il tombe dans un fauteuil.)

COUCY.

Il ne se connaît plus; il succombe à sa rage

VENDÔME.

Eh bien! souffriras-tu ma honte et mon outrage?
Le temps presse; veux-tu qu'un rival odieux
Enlève la perfide, et l'épouse à mes yeux?
Tu crains de me répondre! attends-tu que le traître
Ait soulevé mon peuple, et me livre à son maître?

COUCY.

Je vois trop, en effet, que le parti du roi
Du peuple fatigué fait chanceler la foi.
De la sédition la flamme réprimée
Vit encor dans les cœurs, en secret rallumée.

VENDÔME.

C'est Nemours qui l'allume; il nous a trahis tous.

COUCY.

Je suis loin d'excuser ses crimes envers vous ;
La suite en est funeste, et me remplit d'alarmes.
Dans la plaine déja les Français sont en armes,
Et vous êtes perdu, si le peuple excité
Croit dans la trahison trouver sa sûreté.
Vos dangers sont accrus.

VENDÔME.

Eh bien! que faut-il faire?

COUCY.

Les prévenir; dompter l'amour et la colère.
Ayons encor, mon prince, en cette extrémité,
Pour prendre un parti sûr assez de fermeté.
Nous pouvons conjurer ou braver la tempête;
Quoi que vous décidiez, ma main est toute prête.
Vous vouliez ce matin, par un heureux traité,
Apaiser avec gloire un monarque irrité:
Ne vous rebutez pas; ordonnez, et j'espère
Signer en votre nom cette paix salutaire:
Mais s'il vous faut combattre et courir au trépas,
Vous savez qu'un ami ne vous survivra pas.

VENDÔME.

Ami, dans le tombeau laisse-moi seul descendre;
Vis pour servir ma cause, et pour venger ma cendre;
Mon destin s'accomplit, et je cours l'achever:
Qui ne veut que la mort est sûr de la trouver:
Mais je la veux terrible; et lorsque je succombe
Je veux voir mon rival entraîné dans ma tombe.

COUCY.

Comment! de quelle horreur vos sens sont possédés!

VENDÔME.

Il est dans cette tour, où vous seul commandez;
Et vous m'avez promis que contre un téméraire....

COUCY.

De qui me parlez-vous, seigneur? de votre frère?

VENDÔME.

Non, je parle d'un traître et d'un lâche ennemi,
D'un rival qui m'abhorre et qui m'a tout ravi:
L'Anglais attend de moi la tête du parjure,

COUCY.

Vous leur avez promis de trahir la nature?

VENDÔME.

Dès long-temps du perfide ils ont proscrit le sang.

COUCY.

Et pour leur obéir, vous lui percez le flanc?

VENDÔME.

Non, je n'obéis point à leur haine étrangère;
J'obéis à ma rage, et veux la satisfaire.
Que m'importe l'état et mes vains alliés?

COUCY.

Ainsi donc à l'amour vous le sacrifiez?
Et vous me chargez, moi, du soin de son supplice!

VENDÔME.

Je n'attends pas de vous cette prompte justice.
Je suis bien malheureux, bien digne de pitié!
Trahi dans mon amour, trahi dans l'amitié!
Ah, trop heureux dauphin! c'est ton sort que j'envie
Ton amitié du moins n'a point été trahie;
Et Tanguy du Châtel, quand tu fus offensé,
T'a servi sans scrupule, et n'a pas balancé.
Allez: Vendôme encor, dans le sort qui le presse,
Trouvera des amis qui tiendront leur promesse;
D'autres me serviront, et n'allégueront pas
Cette triste vertu, l'excuse des ingrats.

COUCY, *après un long silence.*

Non; j'ai pris mon parti. Soit crime, soit justice,
Vous ne vous plaindrez pas que Coucy vous trahisse.
Je ne souffrirai pas que d'un autre que moi,
Dans de pareils moments, vous éprouviez la foi.
Quand un ami se perd, il faut qu'on l'avertisse,
Il faut qu'on le retienne au bord du précipice:

Je l'ai dû, je l'ai fait malgré votre courroux;
Vous y voulez tomber, je m'y jette avec vous;
Et vous reconnaîtrez, au succès de mon zèle,
Si Coucy vous aimait, et s'il vous fut fidèle.

VENDÔME.

Je revois mon ami... vengeons-nous, vole... attend...
Non, va, te dis-je, frappe, et je mourrai content:
Qu'à l'instant de sa mort, à mon impatience
Le canon des remparts annonce ma vengeance;
J'irai, je l'apprendrai sans trouble et sans effroi
A l'objet odieux qui l'immole par moi.
Allons.

COUCY.

En vous rendant ce malheureux service,
Prince, je vous demande un autre sacrifice.

VENDÔME.

Parle.

COUCY.

Je ne veux pas que l'Anglais en ces lieux,
Protecteur insolent, commande sous mes yeux;
Je ne veux pas servir un tyran qui nous brave.
Ne puis-je vous venger, sans être son esclave?
Si vous voulez tomber, pourquoi prendre un appui?
Pour mourir avec vous ai-je besoin de lui?
Du sort de ce grand jour laissez-moi la conduite:
Ce que je fais pour vous peut-être le mérite.
Les Anglais avec moi pourraient mal s'accorder;
Jusqu'au dernier moment je veux seul commander.

VENDÔME.

Pourvu qu'Adélaïde, au désespoir réduite,
Pleure en larmes de sang l'amant qui l'a séduite;
Pourvu que de l'horreur de ses gémissements,

Mon courroux se repaisse à mes derniers moments,
Tout le reste est égal, et je te l'abandonne :
Prépare le combat, agis, dispose, ordonne.
Ce n'est plus la victoire où ma fureur prétend ;
Je ne cherche pas même un trépas éclatant :
Aux cœurs désespérés qu'importe un peu de gloire ?
Périsse ainsi que moi ma funeste mémoire !
Périsse avec mon nom le souvenir fatal
D'une indigne maîtresse et d'un lâche rival !

COUCY.

Je l'avoue avec vous, une nuit éternelle
Doit couvrir, s'il se peut, une fin si cruelle :
C'était avant ce coup qu'il nous fallait mourir.
Mais je tiendrai parole, et je vais vous servir.

FIN DU QUATRIÈME ACTE.

ACTE CINQUIÈME.

SCÈNE I.

VENDÔME, UN OFFICIER, GARDES.

VENDÔME.

O ciel! me faudra-t-il de moments en moments
Voir et des trahisons et des soulèvements?
Eh bien! de ces mutins l'audace est terrassée?

L'OFFICIER.

Seigneur, ils vous ont vu, leur foule est dispersée.

VENDÔME.

L'ingrat de tous côtés m'opprimait aujourd'hui;
Mon malheur est parfait, tous les cœurs sont à lui.
L'augeste est-il puni de sa fourbe cruelle?

L'OFFICIER.

Le glaive a fait couler le sang de l'infidèle.

VENDÔME.

Ce soldat, qu'en secret vous m'avez amené,
Va-t-il exécuter l'ordre que j'ai donné?

L'OFFICIER.

Oui, seigneur, et déja vers la tour il s'avance.

VENDÔME.

Je vais donc à la fin jouir de ma vengeance!
Sur l'incertain Coucy mon cœur a trop compté;
Il a vu ma fureur avec tranquillité:
On ne soulage point des douleurs qu'on méprise;
Il faut qu'en d'autres mains ma vengeance soit mise.
Vous, que sur nos remparts on porte nos drapeaux;

Allez, qu'on se prépare à des périls nouveaux.
Vous sortez d'un combat, un autre vous appelle;
Ayez la même audace avec le même zèle :
Imitez votre maître; et s'il vous faut périr,
Vous recevrez de moi l'exemple de mourir.

(seul.)

Le sang, l'indigne sang qu'a demandé ma rage
Sera du moins pour moi le signal du carnage :
Un bras vulgaire et sûr va punir mon rival;
Je vais être servi : j'attends l'heureux signal.
Nemours, tu vas périr; mon bonheur se prépare....
Un frère assassiné! quel bonheur! Ah! barbare!
S'il est doux d'accabler ses cruels ennemis,
Si ton cœur est content, d'où vient que tu frémis?
Allons.... Mais quelle voix gémissante et sévère
Crie au fond de mon cœur : Arrête, il est ton frère!
Ah! prince infortuné, dans ta haine affermi,
Songe à des droits plus saints; Nemours fut ton ami!
O jours de notre enfance! ô tendresses passées!
Il fut le confident de toutes mes pensées;
Avec quelle innocence et quels épanchements
Nos cœurs se sont appris leurs premiers sentiments!
Que de fois, partageant mes naissantes alarmes,
D'une main fraternelle essuya-t-il mes larmes!
Et c'est moi qui l'immole! et cette même main
D'un frère que j'aimai déchirerait le sein!
O passion funeste! ô douleur qui m'égare!
Non, je n'étais point né pour devenir barbare.
Je sens combien le crime est un fardeau cruel.
Mais que dis-je? Nemours est le seul criminel.
Je reconnais mon sang, mais c'est à sa furie;
Il m'enlève l'objet dont dépendait ma vie;

Il aime Adélaïde.... Ah! trop jaloux transport!
Il l'aime; est-ce un forfait qui mérite la mort?
Hélas! malgré le temps, et la guerre, et l'absence,
Leur tranquille union croissait dans le silence;
Ils nourrissaient en paix leur innocente ardeur,
Avant qu'un fol amour empoisonnât mon cœur.
Mais lui-même il m'attaque, il brave ma colère,
Il me trompe, il me hait : n'importe, il est mon frère!
Il ne périra point. Nature, je me rends;
Je ne veux point marcher sur les pas des tyrans.
Je n'ai point entendu le signal homicide,
L'organe des forfaits, la voix du parricide;
Il en est encor temps.

SCÈNE II.

VENDÔME, L'OFFICIER DES GARDES.

VENDÔME.

Que l'on sauve Nemours;
Portez mon ordre, allez, répondez de ses jours.

L'OFFICIER.

Hélas, seigneur! j'ai vu non loin de cette porte
Un corps souillé de sang qu'en secret on emporte;
C'est Coucy qui l'ordonne; et je crains que le sort....

VENDÔME.

(On entend le canon.)

Quoi, déja...! Dieu, qu'entends-je? ah ciel! mon frère est mort,
Il est mort, et je vis! et la terre entr'ouverte,
Et la foudre en éclats n'ont point vengé sa perte!
Ennemi de l'état, factieux, inhumain,
Frère dénaturé, ravisseur, assassin,

Voilà quel est Vendôme. Ah! vérité funeste!
Je vois ce que je suis et ce que je déteste!
Le voile est déchiré, je m'étais mal connu.
Au comble des forfaits je suis donc parvenu!
Ah, Nemours! ah, mon frere! ah, jour de ma ruine.
Je sens que je t'aimais, et mon bras t'assassine;
Mon frère!

L'OFFICIER.

Adélaïde avec empressement
Veut, seigneur, en secret vous parler un moment.

VENDÔME.

Chers amis, empêchez que la cruelle avance;
Je ne puis soutenir ni souffrir sa présence:
Mais non; d'un parricide elle doit se venger;
Dans mon coupable sang sa main doit se plonger;
Qu'elle entre... Ah! je succombe, et ne vis plus qu'à peine.

SCÈNE III.

VENDÔME, ADÉLAÏDE.

ADÉLAÏDE.

Vous l'emportez, seigneur, et puisque votre haine
(Comment puis-je autrement appeler en ce jour
Ces affreux sentiments que vous nommez amour?)
Puisqu'à ravir ma foi votre haine obstinée
Veut ou le sang d'un frère, ou ce triste hyménée....
Puisque je suis réduite au déplorable sort
Ou de trahir Nemours, ou de hâter sa mort,
Et que, de votre rage et ministre et victime,
Je n'ai plus qu'à choisir mon supplice et mon crime;
Mon choix est fait, seigneur, et je me donne à vous:
Par le droit des forfaits vous êtes mon époux;

Brisez les fers honteux dont vous chargez un frère;
De Lille sous ses pas abaissez la barrière;
Que je ne tremble plus pour des jours si chéris;
Je trahis mon amant, je le perds à ce prix;
Je vous épargne un crime, et suis votre conquête:
Commandez, disposez, ma main est toute prête.
Sachez que cette main que vous tyrannisez
Punira la faiblesse où vous me réduisez;
Sachez qu'au temple même où vous m'allez conduire....
Mais vous voulez ma foi, ma foi doit vous suffire.
Allons.... Eh quoi! d'où vient ce silence affecté?
Quoi! votre frère encor n'est point en liberté?

VENDÔME.

Mon frère?

ADÉLAÏDE.

Dieu puissant! dissipez mes alarmes!
Ciel! de vos yeux cruels je vois tomber des larmes!

VENDÔME.

Vous demandez sa vie....

ADÉLAÏDE.

Ah! qu'est-ce que j'entends?
Vous qui m'aviez promis....

VENDÔME.

Madame, il n'est plus temps.

ADÉLAÏDE.

Il n'est plus temps! Nemours....!

VENDÔME.

Il est trop vrai, cruelle!
Oui, vous avez dicté sa sentence mortelle.
Coucy pour nos malheurs a trop su m'obéir.
Ah! revenez à vous, vivez pour me punir,

Frappez; que votre main, contre moi ranimée,
Perce un cœur inhumain qui vous a trop aimée,
Un cœur dénaturé qui n'attend que vos coups.
Oui; j'ai tué mon frère, et l'ai tué pour vous.
Vengez sur un amant coupable et sanguinaire
Tous les crimes affreux que vous m'avez fait faire.

ADÉLAÏDE.

Nemours est mort? barbare....!

VENDÔME.

Oui; mais c'est de ta main
Que son sang veut ici le sang de l'assassin.

ADÉLAÏDE, *soutenue par Taïse, et presque évanouie.*

Il est mort!

VENDÔME.

Ton reproche....

ADÉLAÏDE.

Épargne ma misère:
Laisse-moi, je n'ai plus de reproche à te faire;
Va, porte ailleurs ton crime et ton vain repentir.
Je veux encor le voir, l'embrasser, et mourir.

VENDÔME.

Ton horreur est trop juste. Eh bien! Adélaïde,
Prends ce fer, arme-toi, mais contre un parricide.
Je ne mérite pas de mourir de tes coups;
Que ma main les conduise.

SCÈNE IV.

VENDÔME, ADÉLAÏDE, COUCY.

COUCY.

Ah ciel! que faites-vous?

VENDÔME. *(On le désarme.)*

Laisse-moi me punir, et me rendre justice.

ADÉLAÏDE, *à Coucy.*

Vous, d'un assassinat vous êtes le complice?

VENDÔME.

Ministre de mon crime, as-tu pu m'obéir?

COUCY.

Je vous avais promis, seigneur, de vous servir.

VENDÔME.

Malheureux que je suis! ta sévère rudesse
A cent fois de mes sens combattu la faiblesse;
Ne devais-tu te rendre à mes tristes souhaits
Que quand ma passion t'ordonnait des forfaits?
Tu ne m'as obéi que pour perdre mon frère!

COUCY.

Lorsque j'ai refusé ce sanglant ministère,
Votre aveugle courroux n'allait-il pas soudain
Du soin de vous venger charger une autre main?

VENDÔME.

L'amour, le seul amour, de mes sens toujours maître,
En m'ôtant ma raison, m'eût excusé peut-être;
Mais toi, dont la sagesse et les réflexions
Ont calmé dans ton sein toutes les passions,
Toi, dont j'avais tant craint l'esprit ferme et rigide,
Avec tranquillité permettre un parricide!

COUCY.

Eh bien! puisque la honte avec le repentir,
Par qui la vertu parle à qui peut la trahir,
D'un si juste remords ont pénétré votre ame;
Puisque, malgré l'excès de votre aveugle flamme,
Au prix de votre sang vous voudriez sauver
Ce sang dont vos fureurs ont voulu vous priver,
Je peux donc m'expliquer, je peux donc vous apprendre
Que de vous-même enfin Coucy sait vous défendre.

Connaissez-moi, madame, et calmez vos douleurs.

(au duc.) *(à Adélaïde.)*

Vous, gardez vos remords; et vous, séchez vos pleurs;
Que ce jour à tous trois soit un jour salutaire.
Venez, paraissez, prince, embrassez votre frère.

(Le théâtre s'ouvre, Nemours paraît.)

SCÈNE V.

VENDÔME, ADÉLAÏDE, NEMOURS, COUCY.

ADÉLAÏDE.

Nemours!

VENDÔME.

Mon frère!

ADÉLAÏDE.

Ah ciel!

VENDÔME.

Qui l'aurait pu penser?

NEMOURS, *s'avançant du fond du théâtre.*

J'ose encor te revoir, te plaindre, et t'embrasser.

VENDÔME.

Mon crime en est plus grand, puisque ton cœur l'oublie

ADÉLAÏDE.

Coucy, digne héros, qui me donnez la vie!

VENDÔME.

Il la donne à tous trois.

COUCY.

Un indigne assassin
Sur Nemours à mes yeux avait levé la main;
J'ai frappé le barbare, et, prévenant encore
Les aveugles fureurs du feu qui vous dévore,

J'ai fait donner soudain le signal odieux,
Sûr que le repentir vous ouvrirait les yeux.

VENDÔME.

Après ce grand exemple et ce service insigne,
Le prix que je t'en dois, c'est de m'en rendre digne.
Le fardeau de mon crime est trop pesant pour moi;
Mes yeux, couverts d'un voile et baissés devant toi,
Craignent de rencontrer et les regards d'un frère,
Et la beauté fatale à tous les deux trop chère.

NEMOURS.

Tous deux auprès du roi nous voulions te servir.
Quel est donc ton dessein? parle.

VENDÔME.

De me punir;
De nous rendre à tous trois une égale justice;
D'expier devant vous, par le plus grand supplice,
Le plus grand des forfaits où la fatalité,
L'amour et le courroux m'avaient précipité.
J'aimais Adélaïde, et ma flamme cruelle,
Dans mon cœur désolé, s'irrite encor pour elle:
Coucy sait à quel point j'adorais ses appas;
Quand ma jalouse rage ordonnait ton trépas;
Dévoré malgré moi du feu qui me possède,
Je l'adore encor plus.... et mon amour la cède.
Je m'arrache le cœur, je la mets dans tes bras:
Aimez-vous; mais au moins ne me haïssez pas.

NEMOURS, *à ses pieds.*

Moi, vous haïr jamais! Vendôme, mon cher frère!
J'osai vous outrager.... vous me servez de père.

ADÉLAÏDE.

Seigneur, avec lui j'embrasse vos genoux;

La plus tendre amitié va me rejoindre à vous :
Vous me payez trop bien de ma douleur soufferte.

VENDÔME.

Ah ! c'est trop me montrer mes malheurs et ma perte !
Mais vous m'apprenez tous à suivre la vertu.
Ce n'est point à demi que mon cœur est rendu.
(à Nemours.)
Trop fortunés époux, oui, mon ame attendrie
Imite votre exemple, et chérit sa patrie.
Allez apprendre au roi, pour qui vous combattez,
Mon crime, mes remords, et vos félicités.
Allez : ainsi que vous je vais le reconnaître.
Sur nos remparts soumis amenez votre maître ;
Il est déja le mien : nous, allons à ses pieds
Abaisser sans regret nos fronts humiliés.
J'égalerai pour lui votre intrépide zèle :
Bon Français, meilleur frère, ami, sujet fidèle :
Es-tu content, Coucy ?

COUCY.

J'ai le prix de mes soins,
Et du sang des Bourbons je n'attendais pas moins.

FIN D'ADÉLAÏDE DU GUESCLIN.

ALZIRE,

OU

LEL AMÉRICAINS,

TRAGÉDIE,

Représentée, pour la première fois le 27 janvier 1736.

DISCOURS PRÉLIMINAIRE.

On a tâché dans cette tragédie, toute d'invention et d'une espèce assez neuve, de faire voir combien le véritable esprit de religion l'emporte sur les vertus de la nature.

La religion d'un barbare consiste à offrir à ses dieux le sang de ses ennemis. Un chrétien mal instruit n'est souvent guère plus juste. Être fidèle à quelques pratiques inutiles, et infidèle aux vrais devoirs de l'homme; faire certaines prières, et garder ses vices; jeûner, mais haïr, cabaler, persécuter; voilà sa religion. Celle du chrétien véritable est de regarder tous les hommes comme ses frères; de leur faire du bien et de leur pardonner le mal. Tel est Gusman au moment de sa mort; tel Alvarez dans le cours de sa vie; tel j'ai peint Henri IV, même au milieu de ses faiblesses.

On retrouvera dans presque tous mes écrits cette humanité qui doit être le premier caractère d'un être pensant : on y verra (si j'ose m'exprimer ainsi) le désir du bonheur des hommes, l'horreur de l'injustice et de l'oppression; et c'est cela seul qui a jusqu'ici tiré mes ouvrages de l'obscurité où leurs défauts devaient les ensevelir.

Voilà pourquoi la Henriade s'est soutenue malgré les efforts de quelques Français jaloux, qui ne voulaient pas absolument que la France eût un poëme épique. Il y a toujours un petit nombre de lecteurs qui ne laissent point empoisonner leur jugement du venin des cabales et des intrigues, qui n'aiment que le vrai, qui cherchent toujours l'homme dans l'auteur : voilà ceux devant qui j'ai trouvé grâce. C'est à ce petit nombre d'hommes que j'adresse les réflexions suivantes; j'espère qu'ils les pardonneront à la nécessité où je suis de les faire.

Un étranger s'étonnait un jour à Paris d'une foule de libelles de toute espèce, et d'un déchaînement cruel par lequel un homme était opprimé. Il faut apparemment, dit-il, que cet homme soit d'une grande ambition, et qu'il cherche à s'élever à quelqu'un de ces postes qui irritent la cupidité humaine et l'envie. Non, lui répondit-on; c'est un citoyen, obscur, retiré, qui vit plus avec Virgile et Locke qu'avec ses compatriotes, et dont la figure n'est pas plus connue de quelques-uns de ses ennemis que du graveur qui a pretendu graver son portrait : c'est l'auteur de quelques pièces qui vous ont fait verser des larmes, et de quelques ouvrages dans lesquels, malgré leurs défauts, vous aimez cet esprit d'humanité, de justice, de liberté qui y règne : ceux qui le calomnient, ce sont des hommes pour la plupart plus obscurs que lui, qui prétendent lui disputer un peu de fumée, et qui le persécuteront jusqu'à sa mort, uniquement à cause du plaisir qu'il vous a donné. Cet étranger se sentit quelque indignation pour les persécuteurs, et quelque bienveillance pour le persécuté.

Il est dur, il faut l'avouer, de ne point obtenir de ses contemporains et de ses compatriotes ce que l'on peut espérer des étrangers et de la postérité. Il est bien cruel, bien honteux pour l'esprit humain que la littérature soit infectée de ces haines personnelles, de ces cabales, de ces intrigues, qui devraient être le partage des esclaves de la fortune. Que gagnent les auteurs en se déchirant mutuellement? ils avilissent une profession qu'il ne tient qu'à eux de rendre respectable. Faut-il que l'art de penser, le plus beau partage des hommes, devienne une source de ridicule, et que les gens d'esprit, rendus souvent par leurs querelles le jouet des sots, soient les bouffons d'un public dont ils devraient être les maîtres?

Virgile, Varius, Pollion, Horace, Tibulle, étaient amis : les monuments de leur amitié subsistent, et apprendront à jamais aux hommes que les esprits supérieurs doivent être unis. Si nous n'atteignons pas à l'excellence de leur génie, ne pouvons-nous pas avoir leurs vertus? Ces hommes sur qui l'univers avait les yeux, qui avaient à se disputer l'admiration de l'Asie, de l'Afrique, et de l'Europe, s'aimaient pourtant et vivaient en frères; et nous, qui sommes renfermés sur un si petit théâtre, nous dont les noms, à peine connus dans un coin du monde, passeront bientôt comme nos modes, nous nous acharnons les uns contre les autres pour un éclair de réputation, qui, hors de notre petit horizon, ne frappe les yeux de personne. Nous sommes dans un temps de disette; nous avons peu, nous nous l'arrachons. Virgile et Horace ne se disputaient rien, parce qu'ils étaient dans l'abondance.

On a imprimé un livre, *de morbis artificum : des maladies des artistes*. La plus incurable est cette jalousie et cette bassesse. Mais ce qu'il y a de déshonorant, c'est que l'intérêt a souvent plus de part encore que l'envie à toutes ces petites brochures satiriques dont nous sommes inondés. On demandait, il n'y a pas long-temps, à un homme qui avait fait je ne sais quelle mauvaise brochure contre son ami et son bienfaiteur, pourquoi il s'était emporté à cet excès d'ingratitude; il répondit froidement, *Il faut que je vive*[1].

De quelque source que partent ces outrages, il est sûr qu'un homme qui n'est attaqué que dans ses écrits ne doit jamais répondre aux critiques; car, si elles sont bonnes, il n'a autre chose à faire qu'à se corriger; et, si elles sont mauvaises, elles meurent en naissant. Souvenons-nous de la fable du Boccalini. « Un voyageur, dit-il, était importuné dans son chemin du bruit des cigales : il « s'arrêta pour les tuer; il n'en vint pas à bout, et « ne fit que s'écarter de sa route. Il n'avait qu'à

[1] Ce fut l'abbé Guyot Desfontaines qui fit cette réponse à M. le comte d'Argenson, depuis secrétaire d'état de la guerre; à quoi le comte d'Argenson répliqua, « Je « n'en vois pas la nécessité. »

« continuer paisiblement son voyage; les cigales « seraient mortes d'elles-mêmes au bout de huit « jours. »

Il faut toujours que l'auteur s'oublie; mais l'homme ne doit jamais s'oublier: *se ipsum deserere turpissimum est.* On sait que ceux qui n'ont pas assez d'esprit pour attaquer nos ouvrages calomnient nos personnes: quelque honteux qu'il soit de leur répondre, il le serait quelquefois davantage de ne leur répondre pas.

On m'a traité, dans vingt libelles, d'homme sans religion: une des belles preuves qu'on en a apportées, c'est que, dans Œdipe, Jocaste dit ces vers:

« Les prêtres ne sont point ce qu'un vain peuple pense,
« Notre crédulité fait toute leur science. »

Ceux qui m'ont fait ce reproche sont aussi raisonnables pour le moins que ceux qui ont imprimé que la Henriade, dans plusieurs endroits, *sentait bien son semi-pélagien.* On renouvelle souvent cette accusation cruelle d'irréligion, parce que c'est le dernier refuge des calomniateurs. Comment leur répondre? comment s'en consoler, sinon en se souvenant de la foule de ces grands hommes qui, depuis Socrate jusqu'à Descartes, ont essuyé ces calomnies atroces? Je ne ferai ici qu'une seule question: je demande qui a le plus de religion, ou le calomniateur qui persécute, ou le calomnié qui pardonne?

Ces mêmes libelles me traitent d'homme envieux de la réputation d'autrui : je ne connais l'envie que par le mal qu'elle m'a voulu faire. J'ai défendu à mon esprit d'être satirique, et il est impossible à mon cœur d'être envieux. J'en appelle à l'auteur de Rhadamiste et d'Electre, qui par ces deux ouvrages m'inspira le premier le désir d'entrer quelque temps dans la même carrière. Ses succès ne m'ont jamais coûté d'autres larmes que celles que l'attendrissement m'arrachait aux représentations de ses pièces; il sait qu'il n'a fait naître en moi que de l'émulation et de l'amitié.

J'ose dire avec confiance que je suis plus attaché aux beaux arts qu'à mes écrits. Sensible à l'excès, dès mon enfance, pour tout ce qui porte le caractère du génie, je regarde un grand poëte, un bon musicien, un bon peintre, un sculpteur habile, (s'il a de la probité) comme un homme que je dois chérir, comme un frère que les arts m'ont donné. Les jeunes gens qui voudront s'appliquer aux lettres trouveront en moi un ami; plusieurs y ont trouvé un père. Voilà mes sentiments : quiconque a vécu avec moi sait bien que je n'en ai point d'autres.

Je me suis cru obligé de parler ainsi au public sur moi-même une fois en ma vie. A l'égard de ma tragédie, je n'en dirai rien. Réfuter des critiques est un vain amour-propre; confondre la calomnie est un devoir.

ÉPITRE

A MADAME LA MARQUISE DU CHATELET.

ADAME,

Quel faible hommage pour vous qu'un de ces ouvrages de poésie qui n'ont qu'un temps, qui doivent leur mérite à la faveur passagère du public, et à l'illusion du théâtre, pour tomber ensuite dans la foule et dans l'obscurité!

Qu'est-ce en effet qu'un roman mis en action et en vers devant celle qui lit les ouvrages de géométrie avec la même facilité que les autres lisent les romans; devant celle qui n'a trouvé dans Locke, ce sage précepteur du genre humain, que ses propres sentiments et l'histoire de ses pensées; enfin aux yeux d'une personne qui, née pour les agréments, leur préfère la vérité?

Mais, Madame, le plus grand génie, et sûrement le plus désirable, est celui qui ne donne l'exclusion à aucun des beaux arts. Ils sont tous la nourriture et le plaisir de l'ame : y en a-t-il dont on doive se priver? Heureux l'esprit que la philosophie ne peut dessécher, et que les charmes des belles lettres ne peuvent amollir; qui sait se fortifier avec Locke, s'éclairer avec Clarke et Newton, s'élever dans la lecture de Cicéron et de Bossuet, s'embellir par les charmes de Virgile et du Tasse!

Tel est votre génie, Madame : il faut que je ne craigne point de le dire, quoique vous craigniez de l'entendre : il faut que votre exemple encourage les personnes de votre sexe et de votre rang à croire qu'on s'ennoblit encore en perfectionnant sa raison, et que l'esprit donne des grâces.

Il a été un temps en France, et même dans toute l'Europe, où les hommes pensaient déroger, et les femmes sortir de leur état, en osant s'instruire. Les uns ne se croyaient nés que pour la guerre ou pour l'oisiveté, et les autres que pour la coquetterie.

Le ridicule même que Molière et Despréaux ont jeté sur les femmes savantes a semblé, dans un siècle poli, justifier les préjugés de la barbarie. Mais Molière, ce légi lateur dans la morale et dans les bienséances du monde, n'a pas assurément prétendu, en attaquant les femmes savantes, se moquer de la science et de l'esprit. Il n'en a joué que l'abus et l'affectation ; ainsi que, dans son Tartuffe, il a diffamé l'hypocrisie et non pas la vertu.

Si, au lieu de faire une satire contre les femmes, l'exact, le solide, le laborieux, l'élégant Despréaux avoit consulté les femmes de la cour les plus spirituelles, il eût ajouté à l'art et au mérite de ses ouvrages, si bien travaillés, des grâces et des fleurs qui leur eussent encore donné un nouveau charme. En vain, dans sa satire des femmes, il a voulu couvrir de ridicule une dame qui avait appris l'astronomie : il eût mieux fait de l'apprendre lui-même.

L'esprit philosophique a fait tant de progrès en France depuis quarante ans, que si Boileau vivait encore, lui qui osait se moquer d'une femme de condition parce qu'elle voyait en secret Roberval et Sauveur, il serait obligé de respecter et d'imiter celles qui profitent publiquement des lumières des Maupertuis, des Réaumur, des Mairan, des du Fay et des Clairault; de tous ces véritables savants qui n'ont pour objet qu'une science utile, et qui, en la rendant agréable, la rendent insensiblement nécessaire à notre nation. Nous sommes au temps, j'ose le dire, où il faut qu'un poëte soit philosophe, et où une femme peut l'être hardiment.

Dans le commencement du dernier siècle, les Français apprirent à arranger des mots. Le siècle des choses est arrivé. Telle qui lisait autrefois Montaigne, l'Astrée et les Contes de la reine de Navarre, était une savante. Les Déshoulières et les Dacier, illustres dans différents genres, sont venues depuis. Mais votre sexe a encore tiré plus de gloire de celles qui ont mérité qu'on fît pour elles le livre charmant des Mondes, et les Dialogues sur la lumière [1] qui vont paraître, ouvrage peut-être comparable aux Mondes.

Il est vrai qu'une femme qui abandonnerait les devoirs de son état pour cultiver les sciences serait condamnable, même dans ses succès; mais, Madame, le même esprit qui mène à la connaissance de la vérité est celui

---

[1] Il Newtonianismo per le dame, d'Algarotti.

qui porte à remplir ses devoirs. La reine d'Angleterre, l'épouse de George II, qui a servi de médiatrice entre les deux plus grands métaphysiciens de l'Europe, Clarke et Leibnitz, et qui pouvait les juger, n'a pas négligé pour cela un moment les soins de reine, de femme, et de mère. Christine, qui abandonna le trône pour les beaux arts, fut au rang des grands rois tant qu'elle régna. La petite-fille du grand Condé, dans laquelle on voit revivre l'esprit de son aïeul, n'a-t-elle pas ajouté une nouvelle considération au sang dont elle est sortie?

Vous, Madame, dont on peut citer le nom à côté de celui de tous les princes, vous faites aux lettres le même honneur : vous en cultivez tous les genres; elles font votre occupation dans l'âge des plaisirs. Vous faites plus, vous cachez ce mérite étranger au monde avec autant de soin que vous l'avez acquis. Continuez, Madame, à chérir, à oser cultiver les sciences, quoique cette lumière, longtemps renfermée dans vous-même, ait éclaté malgré vous. Ceux qui ont répandu en secret des bienfaits doivent-ils renoncer à cette vertu, quand elle est devenue publique?

Eh! pourquoi rougir de son mérite? L'esprit orné n'est qu'une beauté de plus; c'est un nouvel empire. On souhaite aux arts la protection des souverains : celle de la beauté n'est-elle pas au-dessus?

Permettez-moi de dire encore qu'une des raisons qui doivent faire estimer les femmes qui font usage de leur esprit, c'est que le goût seul les détermine. Elles ne cherchent en cela qu'un nouveau plaisir, et c'est en quoi elles sont bien louables.

Pour nous autres hommes, c'est souvent par vanité, quelquefois par intérêt, que nous consumons notre vie dans la culture des arts. Nous en faisons les instruments de notre fortune; c'est une espèce de profanation. Je suis fâché qu'Horace dise de lui :

L'indigence est le dieu qui m'inspira des vers [1].

La rouille de l'envie, l'artifice des intrigues, le poison de la calomnie, l'assassinat de la satire (si j'ose m'exprimer ainsi), déshonorent parmi les hommes une profession

---

1 Paupertas impulit audax
Ut versus facerem.
HORAT. Epist. lib. II, epist. 2, v. 51-52.

qui par elle-même a quelque chose de divin.

Pour moi, Madame, qu'un penchant invincible a déterminé aux arts dès mon enfance, je me suis dit de bonne heure ces paroles, que je vous ai souvent répétées, de Cicéron, ce consul romain qui fut le père de la patrie, de la liberté et de l'éloquence [1] : « Les lettres forment la jeunesse, et font les « charmes de l'âge avancé. La prospérité en « est plus brillante ; l'adversité en reçoit des « consolations ; et dans nos maisons, dans « celles des autres, dans les voyages, dan « la solitude, en tout temps, en tous lieux, « elles font la douceur de notre vie. »

Je les ai toujours aimées pour elles-mêmes ; mais à présent, Madame, je les cultive pour vous, pour mériter, s'il est possible, de passer auprès de vous le reste de ma vie dans le sein de la retraite, de la paix, peut-être de la vérité, à qui vous sacrifiez dans votre jeunesse les plaisirs faux, mais enchanteurs, du

---

[1] Studia adolescentiam alunt, senectutem oblectant, secundas res ornant, adversis perfugium ac solatium præbent ; delectant domi, non impediunt foris ; pernoctant nobiscum, peregrinantur, rusticantur.

monde; enfin pour être à portée de dire un jour avec Lucrèce, ce poëte philosophe dont les beautés et les erreurs vous sont si connues :

Heureux qui, retiré dans le temple des sages,
Voit en paix sous ses pieds se former les orages,
Qui contemple de loin les mortels insensés,
De leur joug volontaire esclaves empressés,
Inquiets, incertains du chemin qu'il faut suivre,
Sans penser, sans jouir, ignorant l'art de vivre,
Dans l'agitation consumant leurs beaux jours,
Poursuivant la fortune, et rampant dans les cours!
O vanité de l'homme! ô faiblesse! ô misère! [1]

Je n'ajouterai rien à cette longue épître touchant la tragédie que j'ai l'honneur de vous dédier. Comment en parler, Madame, après avoir parlé de vous? Tout ce que je puis dire, c'est que je l'ai composée dans votre maison et sous vos yeux. J'ai voulu la rendre moins

[1] Sed nil dulcius est, bene quàm munita tenere
Edita doctrinâ sapientûm templa serena;
Despicere unde queas alios, passimque videre
Errare, atque viam palantes quærere vitæ,
Certare ingenio, contendere nobilitate,
Noctes atque dies niti præstante labore,
Ad summas emergere opes, rerumque potiri.
O miseras hominum mentes! ô pectora cæca!

indigne de vous, y mettant de la nouveauté, de la vérité et de la vertu. J'ai essayé de peindre ce sentiment généreux, cette humanité, cette grandeur d'ame qui fait le bien et qui pardonne le mal; ces sentiments tant recommandés par les sages de l'antiquité, et épurés dans notre religion, ces vraies lois de la nature, toujours si mal suivies. Vous avez ôté bien des défauts à cet ouvrage; vous connaissez ceux qui le défigurent encore. Puisse le public, d'autant plus sévère qu'il a d'abord été plus indulgent, me pardonner comme vous mes fautes!

Puisse au moins cet hommage que je vous rends, Madame, périr moins vîte que mes autres écrits! Il serait immortel s'il était digne de celle à qui je l'adresse.

Je suis avec un profond respect, etc

PERSONNAGES.

D. GUSMAN, gouverneur du Pérou.

D. ALVAREZ, père de Gusman, ancien gouverneur.

ZAMORE, souverain d'une partie du Potoze.

MONTÈZE, souverain d'une autre partie

ALZIRE, fille de Montèze.

ÉMIRE, } suivantes d'Alzire.
CÉPHANE, }

D. ALONZE, officier espagnol.

OFFICIERS ESPAGNOLS.

AMÉRICAINS.

La scène est dans la ville de Los-Reyes, autrement Lima.

ALZIRE,

OU

LES AMÉRICAINS,

TRAGÉDIE.

ACTE PREMIER.

SCÈNE I.

ALVAREZ, GUSMAN.

ALVAREZ.

Du conseil de Madrid l'autorité suprême
Pour successeur enfin me donne un fils que j'aime.
Faites régner le prince et le Dieu que je sers
Sur la riche moitié d'un nouvel univers:
Gouvernez cette rive en malheurs trop féconde,
Qui produit les trésors et les crimes du monde.
Je vous remets, mon fils, ces honneurs souverains
Que la vieillesse arrache à mes débiles mains.
J'ai consumé mon âge au sein de l'Amérique;
Je montrai le premier au peuple du Mexique [1]

[1] L'expédition du Mexique se fit en 1517, et celle du Pérou en 1525. Ainsi Alvarez a pu aisément les voir. Los-Reyes, lieu de la scène, fut bâti en 1535.

L'appareil inouï pour ces mortels nouveaux
De nos châteaux ailés qui volaient sur les eaux :
Des mers de Magellan jusqu'aux astres de l'Ourse
Les vainqueurs castillans ont dirigé ma course :
Heureux si j'avais pu, pour fruit de mes travaux,
En mortels vertueux changer tous ces héros !
Mais qui peut arrêter l'abus de la victoire ?
Leurs cruautés, mon fils, ont obscurci leur gloire, [1]
Et j'ai pleuré long-temps sur ces tristes vainqueurs,
Que le ciel fit si grands sans les rendre meilleurs.
Je touche au dernier pas de ma longue carrière ;
Et mes yeux sans regret quitteront la lumière,
S'ils vous ont vu régir sous d'équitables lois
L'empire du Potoze et la ville des rois.

GUSMAN.

J'ai conquis avec vous ce sauvage hémisphère ;
Dans ces climats brûlants j'ai vaincu sous mon père ;
Je dois de vous encore apprendre à gouverner,
Et recevoir vos lois plutôt que d'en donner.

ALVAREZ.

Non, non, l'autorité ne veut point de partage :
Consumé de travaux, appesanti par l'âge,
Je suis las du pouvoir ; c'est assez si ma voix
Parle encore au conseil et règle vos exploits.
Croyez-moi, les humains, que j'ai trop su connaître,
Méritent peu, mon fils, qu'on veuille être leur maître.
Je consacre à mon Dieu, négligé trop long-temps,
De ma caducité les restes languissants.
Je ne veux qu'une grâce, elle me sera chère ;

---

1 On sait qu'elles cruautés Fernand Cortez exerça au Mexique, et Pizarre au Pérou.

Je l'attends comme ami, je la demande en père :
Mon fils, remettez-moi ces esclaves obscurs
Aujourd'hui par votre ordre arrêtés dans nos murs ;
Songez que ce grand jour doit être un jour propice,
Marqué par la clémence, et non par la justice.

GUSMAN.

Quand vous priez un fils, seigneur, vous commandez :
Mais daignez voir au moins ce que vous hasardez.
D'une ville naissante encor mal assurée
Au peuple américain nous défendons l'entrée :
Empêchons, croyez-moi, que ce peuple orgueilleux
Au fer qui l'a domté n'accoutume ses yeux ;
Que, méprisant nos lois, et prompt à les enfreindre,
Il ose contempler des maîtres qu'il doit craindre.
Il faut toujours qu'il tremble, et n'apprenne à nous voir
Qu'armés de la vengeance ainsi que du pouvoir.
L'Américain farouche est un monstre sauvage
Qui mord en frémissant le frein de l'esclavage ;
Soumis au châtiment, fier dans l'impunité,
De la main qui le flatte il se croit redouté.
Tout pouvoir, en un mot, périt par l'indulgence ;
Et la sévérité produit l'obéissance.
Je sais qu'aux Castillans il suffit de l'honneur,
Qu'à servir sans murmure ils mettent leur grandeur ;
Mais le reste du monde, esclave de la crainte,
A besoin qu'on l'opprime, et sert avec contrainte :
Les dieux même adorés dans ces climats affreux,
S'ils ne sont teints de sang, n'obtiennent point de vœux. [1]

---

[1] On immolait quelquefois des hommes en Amérique ; mais il n'y a presque aucun peuple qui n'ait été coupable de cette horrible superstition.

ALVAREZ.

Ah! mon fils, que je hais ces rigueurs tyranniques!
Les pouvez-vous aimer ces forfaits politiques,
Vous, chrétien, vous choisi pour régner désormais
Sur des chrétiens nouveaux au nom d'un Dieu de paix?
Vos yeux ne sont-ils pas assouvis des ravages
Qui de ce continent dépeuplent les rivages?
Des bords de l'Orient n'étais-je donc venu
Dans un monde idolâtre, à l'Europe inconnu,
Que pour voir abhorrer sous ce brûlant tropique
Et le nom de l'Europe, et le nom catholique?
Ah! Dieu nous envoyait, quand de nous il fit choix,
Pour annoncer son nom, pour faire aimer ses lois:
Et nous, de ces climats destructeurs implacables,
Nous, et d'or et de sang toujours insatiables,
Déserteurs de ces lois qu'il fallait enseigner,
Nous égorgeons ce peuple au lieu de le gagner.
Par nous tout est en sang, par nous tout est en poudre,
Et nous n'avons du ciel imité que la foudre.
Notre nom, je l'avoue, inspire la terreur:
Les Espagnols sont craints, mais ils sont en horreur:
Fléaux du nouveau monde, injustes, vains, avares,
Nous seuls en ces climats nous sommes les barbares.
L'Américain farouche en sa simplicité
Nous égale en courage, et nous passe en bonté.
Hélas! si comme vous il était sanguinaire,
S'il n'avait des vertus, vous n'auriez plus de père.
Avez-vous oublié qu'ils m'ont sauvé le jour?
Avez-vous oublié que près de ce séjour
Je me vis entouré par ce peuple en furie,
Rendu cruel enfin par notre barbarie?
Tous les miens à mes yeux terminèrent leur sort:

J'étais seul, sans secours et j'attendais la mort;
Mais à mon nom, mon fils, je vis tomber leurs armes;
Un jeune Américain, les yeux baignés de larmes,
Au lieu de me frapper, embrassa mes genoux :
« Alvarez, me dit-il, Alvarez, est-ce vous?
« Vivez; votre vertu nous est trop nécessaire :
« Vivez; aux malheureux servez long-temps de père;
« Qu'un peuple de tyrans, qui veut nous enchaîner,
« Du moins par cet exemple apprenne à pardonner!
« Allez, la grandeur d'ame est ici le partage
« Du peuple infortuné qu'ils ont nommé sauvage. »
Eh bien! vous gémissez; je sens qu'à ce récit
Votre cœur malgré vous s'émeut et s'adoucit;
L'humanité vous parle, ainsi que votre père.
Ah! si la cruauté vous était toujours chère,
De quel front aujourd'hui pourriez-vous vous offrir
Au vertueux objet qu'il vous faut attendrir,
A la fille des rois de ces tristes contrées
Qu'à vos sanglantes mains la fortune a livrées?
Prétendez-vous, mon fils, cimenter ces liens
Par le sang répandu de ses concitoyens?
Ou bien attendez-vous que ses cris et ses larmes
De vos sévères mains fassent tomber les armes?

GUSMAN.

Eh bien! vous l'ordonnez, je brise leurs liens,
J'y consens; mais songez qu'il faut qu'ils soient chrétiens :
Ainsi le veut la loi : quitter l'idolâtrie
Est un titre en ces lieux pour mériter la vie :
A la religion gagnons-les à ce prix;
Commandons aux cœurs même, et forçons les esprits :
De la nécessité le pouvoir invincible
Traîne au pied des autels un courage inflexible.

Je veux que ces mortels, esclaves de ma loi,
Tremblent sous un seul Dieu comme sous un seul roi.

ALVAREZ.

Ecoutez-moi, mon fils; plus que vous je désire
Qu'ici la vérité fonde un nouvel empire,
Que le ciel et l'Espagne y soient sans ennemis;
Mais les cœurs opprimés ne sont jamais soumis.
J'en ai gagné plus d'un, je n'ai forcé personne;
Et le vrai Dieu, mon fils, est un Dieu qui pardonne.

GUSMAN.

Je me rends donc, seigneur, et vous l'avez voulu:
Vous avez sur un fils un pouvoir absolu;
Oui, vous amolliriez le cœur le plus farouche;
L'indulgente vertu parle par votre bouche.
Eh bien! puisque le ciel voulut vous accorder
Ce don, cet heureux don de tout persuader,
C'est de vous que j'attends le bonheur de ma vie.
Alzire, contre moi par mes feux enhardie,
Se donnant à regret, ne me rend point heureux:
Je l'aime, je l'avoue, et plus que je ne veux;
Mais enfin je ne puis, même en voulant lui plaire,
De mon cœur trop altier fléchir le caractère,
Et rampant sous ses lois, esclave d'un coup-d'œil,
Par des soumissions caresser son orgueil.
Je ne veux point sur moi lui donner tant d'empire;
Vous seul, vous pouvez tout sur le père d'Alzire:
En un mot parlez-lui pour la dernière fois;
Qu'il commande à sa fille, et force enfin son choix.
Daignez.... Mais c'en est trop, je rougis que mon père
Pour l'intérêt d'un fils s'abaisse à la prière.

ALVAREZ.

C'en est fait; j'ai parlé, mon fils, et sans rougir.

Montèze a vu sa fille, il l'aura su fléchir :
De sa famille auguste, en ces lieux prisonnière,
Le ciel a par mes soins consolé la misère ;
Pour le vrai Dieu, Montèze a quitté ses faux dieux ;
Lui-même de sa fille a dessillé les yeux :
De tout ce nouveau monde Alzire est le modèle :
Les peuples incertains fixent les yeux sur elle ;
Son cœur aux Castillans va donner tous les cœurs ;
L'Amérique à genoux adoptera nos mœurs ;
La foi doit y jeter ses racines profondes :
Votre hymen est le nœud qui joindra les deux mondes.
Ces féroces humains, qui détestent nos lois,
Voyant entre vos bras la fille de leurs rois,
Vont d'un esprit moins fier et d'un cœur plus facile
Sous votre joug heureux baisser un front docile ;
Et je verrai, mon fils, grâce à ces doux liens,
Tous les cœurs désormais espagnols et chrétiens.
Montèze vient ici. Mon fils, allez m'attendre
Aux autels, où sa fille avec lui va se rendre.

SCÈNE II.

ALVAREZ, MONTÈZE.

ALVAREZ.

Eh bien ! votre sagesse et votre autorité
Ont d'Alzire en effet fléchi la volonté ?

MONTÈZE.

Père des malheureux, pardonne si ma fille,
Dont Gusman détruisit l'empire et la famille,
Semble éprouver encore un reste de terreur,
Et d'un pas chancelant marche vers son vainqueur

Les nœuds qui vont unir l'Europe et ma patrie
Ont révolté ma fille en ces climats nourrie;
Mais tous les préjugés s'effacent à ta voix:
Tes mœurs nous ont appris à révérer tes lois;
C'est par toi que le ciel à nous s'est fait connaître;
Notre esprit éclairé te doit son nouvel être.
Sous le fer castillan ce monde est abattu;
Il cède à la puissance, et nous à la vertu.
De tes concitoyens la rage impitoyable
Aurait rendu comme eux leur Dieu même haïssable:
Nous détestions ce Dieu qu'annonça leur fureur;
Nous l'aimons dans toi seul, il s'est peint dans ton cœur.
Voilà ce qui te donne et Montèze et ma fille;
Instruits par tes vertus, nous sommes ta famille:
Sers-lui long-temps de père, ainsi qu'à nos états;
Je la donne à ton fils, je la mets dans ses bras;
Le Pérou, le Potoze, Alzire est sa conquête:
Va dans ton temple auguste en ordonner la fête;
Va; je crois voir des cieux les peuples éternels
Descendre de leur sphère, et se joindre aux mortels.
Je réponds de ma fille, elle va reconnaître
Dans le fier don Gusman son époux et son maître.

ALVAREZ.

Ah! puisqu'enfin mes mains ont pu former ces nœuds,
Cher Montèze, au tombeau je descends trop heureux.
Toi, qui nous découvris ces immenses contrées,
Rends du monde aujourd'hui les bornes éclairées:
Dieu des chrétiens, préside à ces vœux solennels,
Les premiers qu'en ces lieux on forme à tes autels:
Descends, attire à toi l'Amérique étonnée.
Adieu: je vais presser cet heureux hyménée:
Adieu; je vous devrai le bonheur de mon fils.

SCÈNE III.

MONTÈZE.

Dieu, destructeur des dieux que j'avais trop servis,
Protège de mes ans la fin dure et funeste!
Tout me fut enlevé : ma fille ici me reste;
Daigne veiller sur elle et conduire son cœur!

SCÈNE IV.

MONTÈZE, ALZIRE.

MONTÈZE.

Ma fille, il en est temps, consens à ton bonheur:
Ou plutôt, si ta foi, si ton cœur me seconde,
Par ta félicité fais le bonheur du monde;
Protège les vaincus; commande à nos vainqueurs;
Éteins entre leurs mains leurs foudres destructeurs;
Remonte au rang des rois du sein de la misère :
Tu dois à ton état plier ton caractère;
Prends un cœur tout nouveau; viens, obéis, suis-moi,
Et renais Espagnole, en renonçant à toi;
Sèche tes pleurs, Alzire, ils outragent ton père

ALZIRE.

Tout mon sang est à vous; mais, si je vous suis chère,
Voyez mon désespoir, et lisez dans mon cœur.

MONTÈZE.

Non, je ne veux plus voir ta honteuse douleur;
J'ai reçu ta parole, il faut qu'on l'accomplisse

ALZIRE.

Vous m'avez arraché cet affreux sacrifice.
Mais quel temps, justes cieux, pour engager ma foi!
Voici ce jour horrible où tout périt pour moi,

Où de ce fier Gusman le fer osa détruire
Des enfants du soleil le redoutable empire :
Que ce jour est marqué par des signes affreux !

MONTÈZE.

Nous seuls rendons les jours heureux ou malheureux.
Quitte un vain préjugé, l'ouvrage de nos prêtres,
Qu'à nos peuples grossiers ont transmis nos ancêtres.

ALZIRE.

Au même jour, hélas ! le vengeur de l'état,
Zamore, mon espoir, périt dans le combat ;
Zamore, mon amant, choisi pour votre gendre !

MONTÈZE.

J'ai donné comme toi des larmes à sa cendre :
Les morts dans le tombeau n'exigent point de foi ;
Porte, porte aux autels un cœur maître de soi :
D'un amour insensé pour des cendres éteintes
Commande à ta vertu d'écarter les atteintes.
Tu dois ton ame entière à la loi des chrétiens ;
Dieu t'ordonne par moi de former ces liens ;
Il t'appelle aux autels, il règle ta conduite ;
Entends sa voix.

ALZIRE.

Mon père, où m'avez-vous réduite ?
Je sais ce qu'est un père et quel est son pouvoir ;
M'immoler quand il parle est mon premier devoir ;
Et mon obéissance a passé les limites
Qu'à ce devoir sacré la nature a prescrites ;
Mes yeux n'ont jusqu'ici rien vu que par vos yeux ;
Mon cœur changé par vous abandonna ses dieux :
Je ne regrette point leurs grandeurs terrassées,
Devant ce Dieu nouveau comme nous abaissées :

Mais vous, qui m'assuriez, dans mes troubles cruels,
Que la paix habitait au pied de ses autels,
Que sa loi, sa morale, et consolante et pure,
De mes sens désolés guérirait la blessure;
Vous trompiez ma faiblesse. Un trait toujours vainqueur
Dans le sein de ce Dieu vient déchirer mon cœur;
Il y porte une image à jamais renaissante;
Zamore vit encore au cœur de son amante.
Condamnez, s'il le faut, ces justes sentiments,
Ce feu victorieux de la mort et du temps,
Cet amour immortel, ordonné par vous-même;
Unissez votre fille au fier tyran qui l'aime;
Mon pays le demande, il le faut, j'obéis:
Mais tremblez en formant ces nœuds mal assortis;
Tremblez, vous qui d'un Dieu m'annoncez la vengeance,
Vous qui me commandez d'aller en sa présence
Promettre à cet époux, qu'on me donne aujourd'hui,
Un cœur qui brûle encor pour un autre que lui.

MONTÈZE.

Ah! que dis-tu, ma fille? épargne ma vieillesse;
Au nom de la nature, au nom de ma tendresse,
Par nos destins affreux que ta main peut changer,
Par ce cœur paternel que tu viens d'outrager,
Ne rends point de mes ans la fin trop douloureuse!
Ai-je fait un seul pas que pour te rendre heureuse?
Jouis de mes travaux; mais crains d'empoisonner
Ce bonheur difficile où j'ai su t'amener.
Ta carrière nouvelle, aujourd'hui commencée,
Par la main du devoir est à jamais tracée;
Ce monde gémissant te presse d'y courir:
Il n'espère qu'en toi; voudrais-tu le trahir?
Apprends à te domter.

ALZIRE.

Faut-il apprendre à feindre?

Quelle science, hélas!

SCÈNE V.

GUSMAN, ALZIRE.

GUSMAN.

J'ai sujet de me plaindre
Que l'on oppose encore à mes empressements
L'offensante lenteur de ces retardements.
J'ai suspendu ma loi, prête à punir l'audace
De tous ces ennemis dont vous vouliez la grâce;
Ils sont en liberté: mais j'aurais à rougir
Si ce faible service eût pu vous attendrir:
J'attendais encor moins de mon pouvoir suprême;
Je voulais vous devoir à ma flamme, à vous-même;
Et je ne pensais pas, dans mes vœux satisfaits,
Que ma félicité vous coûtât des regrets.

ALZIRE.

Que puisse seulement la colère céleste
Ne pas rendre ce jour à tous les deux funeste!
Vous voyez quel effroi me trouble et me confond;
Il parle dans mes yeux, il est peint sur mon front:
Tel est mon caractère, et jamais mon visage
N'a de mon cœur encor démenti le langage.
Qui peut se déguiser pourrait trahir sa foi;
C'est un art de l'Europe, il n'est pas fait pour moi.

GUSMAN.

Je vois votre franchise, et je sais que Zamore
Vit dans votre mémoire et vous est cher encore.

Ce cacique [1] obstiné, vaincu dans les combats,
S'arme encor contre moi de la nuit du trépas.
Vivant, je l'ai domté; mort, doit-il être à craindre?
Cessez de m'offenser, et cessez de le plaindre;
Votre devoir, mon nom, mon cœur, en sont blessés;
Et ce cœur est jaloux des pleurs que vous versez.

ALZIRE.

Ayez moins de colère, et moins de jalousie;
Un rival au tombeau doit causer peu d'envie:
Je l'aimai, je l'avoue, et tel fut mon devoir;
De ce monde opprimé Zamore était l'espoir;
Sa foi me fut promise; il eut pour moi des charmes;
Il m'aima: son trépas me coûte encor des larmes.
Vous, loin d'oser ici condamner ma douleur,
Jugez de ma constance, et connaissez mon cœur;
Et, quittant avec moi cette fierté cruelle,
Méritez, s'il se peut, un cœur aussi fidèle.

SCÈNE VI.

GUSMAN.

Son orgueil, je l'avoue, et sa sincérité,
Étonne mon courage, et plaît à ma fierté.
Allons; ne souffrons pas que cette humeur altière
Coûte plus à domter que l'Amérique entière.
La grossière nature, en formant ses appas,
Lui laisse un cœur sauvage et fait pour ces climats;

---

[1] Le mot propre est Inca: mais les Espagnols, accoutumés dans l'Amérique septentrionale au titre de cacique, le donnèrent d'abord à tous les souverains du nouveau monde.

Le devoir fléchira son courage rebelle.
Ici tout m'est soumis, il ne reste plus qu'elle;
Que l'hymen en triomphe : et qu'on ne dise plus
Qu'un vainqueur et qu'un maître essuya des refus.

FIN DU PREMIER ACTE.

ACTE SECOND.

SCÈNE I.

ZAMORE, AMÉRICAINS.

ZAMORE.

Amis, de qui l'audace, aux mortels peu commune,
Renaît dans les dangers et croît dans l'infortune;
Illustres compagnons de mon funeste sort,
N'obtiendrons-nous jamais la vengeance ou la mort?
Vivrons-nous sans servir Alzire et la patrie,
Sans ôter à Gusman sa détestable vie,
Sans trouver, sans punir cet insolent vainqueur,
Sans venger mon pays qu'a perdu sa fureur?
Dieux impuissants! dieux vains de nos vastes contrées!
A des dieux ennemis vous les avez livrées;
Et six cents Espagnols ont détruit sous leurs coups
Mon pays et mon trône, et vos temples et vous:
Vous n'avez plus d'autels, et je n'ai plus d'empire;
Nous avons tout perdu : je suis privé d'Alzire.
J'ai porté mon courroux, ma honte, et mes regrets,
Dans les sables mouvants, dans le fond des forêts;
De la zone brûlante et du milieu du monde,
L'astre du jour [1] a vu ma course vagabonde,

[1] L'astronomie, la géographie, la géométrie, étaient cultivées au Pérou. On traçait des lignes sur des colonnes pour marquer les équinoxes et les solstices.

Jusqu'aux cieux où, cessant d'éclairer nos climats
Il ramène l'année, et revient sur ses pas.
Enfin votre amitié, vos soins, votre vaillance
A mes vastes desseins ont rendu l'espérance;
Et j'ai cru satisfaire, en cet affreux séjour,
Deux vertus de mon cœur, la vengeance et l'amour.
Nous avons rassemblé des mortels intrépides,
Éternels ennemis de nos maîtres avides;
Nous les avons laissés dans ces forêts errants
Pour observer ces murs bâtis par nos tyrans.
J'arrive, on nous saisit; une foule inhumaine
Dans des gouffres profonds nous plonge et nous enchaîne;
De ces lieux infernaux on nous laisse sortir
Sans que de notre sort on nous daigne avertir.
Amis, où sommes-nous? ne pourra-t-on m'instruire
Qui commande en ces lieux; quel est le sort d'Alzire?
Si Montèze est esclave, et voit encor le jour?
S'il traîne ses malheurs en cette horrible cour?
Chers et tristes amis du malheureux Zamore,
Ne pouvez-vous m'apprendre un destin que j'ignore?

UN AMÉRICAIN.

En des lieux différents, comme toi mis aux fers,
Conduits dans ce palais par des chemins divers,
Etrangers, inconnus chez ce peuple farouche,
Nous n'avons rien appris de tout ce qui te touche.
Cacique infortuné, digne d'un meilleur sort,
Du moins, si nos tyrans ont résolu ta mort,
Tes amis avec toi, prêts à cesser de vivre,
Sont dignes de t'aimer, et dignes de te suivre.

ZAMORE.

Après l'honneur de vaincre, il n'est rien sous les cieux
De plus grand en effet qu'un trépas glorieux;

Mais mourir dans l'opprobre et dans l'ignominie;
Mais laisser en mourant des fers à sa patrie;
Périr sans se venger; expirer par les mains
De ces brigands d'Europe, et de ces assassins
Qui, de sang enivrés, de nos trésors avides,
De ce monde usurpé désolateurs perfides,
Ont osé me livrer à des tourments honteux
Pour m'arracher des biens plus méprisables qu'eux
Entraîner au tombeau des citoyens qu'on aime;
Laisser à ces tyrans la moitié de soi-même;
Abandonner Alzire à leur lâche fureur :
Cette mort est affreuse, et fait frémir d'horreur.

SCÈNE II.

ALVAREZ, ZAMORE, AMÉRICAINS.

ALVAREZ.

Soyez libres, vivez.

ZAMORE.

Ciel! que viens-je d'entendre?
Quelle est cette vertu que je ne puis comprendre?
Quel vieillard ou quel dieu vient ici m'étonner?
Tu parais Espagnol et tu sais pardonner!
Es-tu roi? cette ville est-elle en ta puissance?

ALVAREZ.

Non; mais je puis au moins protéger l'innocence.

ZAMORE.

Quel est donc ton destin, vieillard trop généreux?

ALVAREZ.

Celui de secourir les mortels malheureux.

ZAMORE.

Eh! qui peut t'inspirer cette auguste clémence?

ALVAREZ.

Dieu, ma religion, et la reconnaissance.

ZAMORE.

Dieu? ta religion? Quoi! ces tyrans cruels,
Monstres désaltérés dans le sang des mortels,
Qui dépeuplent la terre, et dont la barbarie
En vaste solitude a changé ma patrie,
Dont l'infâme avarice est la suprême loi!
Mon père, ils n'ont donc pas le même dieu que toi?

ALVAREZ.

Ils ont le même dieu, mon fils, mais ils l'outragent;
Nés sous la loi des saints, dans le crime ils s'engagent;
Ils ont tous abusé de leur nouveau pouvoir :
Tu connais leurs forfaits, mais connais mon devoir.
Le soleil par deux fois a, d'un tropique à l'autre,
Éclairé dans sa marche et ce monde et le nôtre,
Depuis que l'un des tiens, par un noble secours
Maître de mon destin, daigna sauver mes jours.
Mon cœur, dès ce moment, partagea vos misères;
Tous vos concitoyens sont devenus mes frères,
Et je mourrais heureux si je pouvais trouver
Ce héros inconnu qui m'a pu conserver.

ZAMORE.

A ses traits, à son âge, à sa vertu suprême,
C'est lui, n'en doutons point, c'est Alvarez lui-même.
Pourrais-tu parmi nous reconnaître le bras
A qui le ciel permit d'empêcher ton trépas?

ALVAREZ.

Que me dit-il? Approche. O ciel! ô providence!
C'est lui! voilà l'objet de ma reconnaissance;
Mes yeux, mes tristes yeux, affaiblis par les ans,
Hélas! avez-vous pu le chercher si long-temps?

(il l'embrasse.)

Mon bienfaiteur! mon fils! parle, que dois-je faire?
Daigne habiter ces lieux, et je t'y sers de père :
La mort a respecté ces jours que je te doi,
Pour me donner le temps de m'acquitter vers toi.

ZAMORE.

Mon père, ah! si jamais ta nation cruelle
Avait de tes vertus montré quelque étincelle,
Crois-moi, cet univers, aujourd'hui désolé,
Au-devant de leur joug sans peine aurait volé;
Mais autant que ton ame est bienfaisante et pure,
Autant leur cruauté fait frémir la nature;
Et j'aime mieux périr que de vivre avec eux :
Tout ce que j'ose attendre et tout ce que je veux,
C'est de savoir au moins si leur main sanguinaire
Du malheureux Montèze a fini la misère;
Si le père d'Alzire.... hélas! tu vois les pleurs
Qu'un souvenir trop cher arrache à mes douleurs.

ALVAREZ.

Ne cache point tes pleurs : cesse de t'en défendre;
C'est de l'humanité la marque la plus tendre :
Malheur aux cœurs ingrats, et nés pour les forfaits,
Que les douleurs d'autrui n'ont attendris jamais!
Apprends que ton ami, plein de gloire et d'années,
Coule ici près de moi ses douces destinées.

ZAMORE.

Le verrai-je?

ALVAREZ.

Oui; crois-moi, puisse-t-il aujourd'hui
T'engager à penser, à vivre comme lui

ZAMORE.

Quoi! Montèze, dis-tu....

ALVAREZ.

Je veux que de sa bouche
Tu sois instruit ici de tout ce qui le touche,
Du sort qui nous unit, de ces heureux liens
Qui vont joindre mon peuple à tes concitoyens.
Je vais dire à mon fils, dans l'excès de ma joie,
Ce bonheur inouï que le ciel nous envoie.
Je te quitte un moment, mais c'est pour te servir,
Et pour serrer les nœuds qui vont tous nous unir.

SCÈNE III

ZAMORE, AMÉRICAINS.

ZAMORE.

Des cieux enfin sur moi la bonté se déclare;
Je trouve un homme juste en ce séjour barbare.
Alvarez est un dieu qui, parmi ces pervers,
Descend pour adoucir les mœurs de l'univers.
Il a, dit-il, un fils; ce fils sera mon frère:
Qu'il soit digne, s'il peut, d'un si vertueux père!
O jour! ô doux espoir à mon cœur éperdu!
Montèze, après trois ans, tu vas m'être rendu!
Alzire, chère Alzire, ô toi, que j'ai servie:
Toi, pour qui j'ai tout fait; toi, l'ame de ma vie;
Serais-tu dans ces lieux? hélas! me gardes-tu
Cette fidélité, la première vertu?
Un cœur infortuné n'est point sans défiance...:
Mais quel autre vieillard à mes regards s'avance?

SCÈNE IV.

MONTÈZE, ZAMORE, AMÉRICAINS.

ZAMORE.

Cher Montèze, est-ce toi que je tiens dans mes bras ?
Revois ton cher Zamore échappé du trépas,
Qui du sein du tombeau renaît pour te défendre ;
Revois ton tendre ami, ton allié, ton gendre.
Alzire est-elle ici ? parle, quel est son sort ?
Achève de me rendre ou la vie ou la mort.

MONTÈZE.

Cacique malheureux ! sur le bruit de ta perte,
Aux plus tendres regrets notre ame était ouverte :
Nous te redemandions à nos cruels destins,
Autour d'un vain tombeau que t'ont dressé nos mains :
Tu vis ; puisse le ciel te rendre un sort tranquille !
Puissent tous nos malheurs finir dans cet asile !
Zamore, ah ! quel dessein t'a conduit en ces lieux ?

ZAMORE.

La soif de me venger, toi, ta fille, et mes dieux.

MONTÈZE.

Que dis-tu ?

ZAMORE.

Souviens-toi du jour épouvantable
Où ce fier Espagnol, terrible, invulnérable,
Renversa, détruisit, jusqu'en leurs fondements,
Ces murs que du soleil ont bâtis les enfants [1] ;

---

[1] Les Péruviens, qui avaient leurs fables comme les peuples de notre continent, croyaient que leur premier inca, qui bâtit Cusco, était fils du soleil.

Gusman était son nom. Le destin qui m'opprime
Ne m'apprit rien de lui que son nom et son crime.
Ce nom, mon cher Montèze, à mon cœur si fatal,
Du pillage et du meurtre était l'affreux signal :
A ce nom, de mes bras on arracha ta fille ;
Dans un vil esclavage on traîna ta famille ;
On démolit ce temple, et ces autels chéris
Où nos dieux m'attendaient pour me nommer ton fils ;
On me traîna vers lui : dirai-je à quel supplice,
A quels maux me livra sa barbare avarice
Pour m'arracher ces biens par lui déifiés,
Idoles de son peuple, et que je foule aux pieds ?
Je fus laissé mourant au milieu des tortures.
Le temps ne peut jamais affaiblir les injures :
Je viens après trois ans d'assembler des amis,
Dans leur commune haîne avec nous affermis ;
Ils sont dans nos forêts, et leur foule héroïque
Vient périr sous ces murs, ou venger l'Amérique.

MONTÈZE.

Je te plains ; mais, hélas ! où vas-tu t'emporter ?
Ne cherche point la mort qui voulait t'éviter.
Que peuvent tes amis, et leurs armes fragiles,
Des habitants des eaux dépouilles inutiles,
Ces marbres impuissants en sabres façonnés,
Ces soldats presque nus et mal disciplinés,
Contre ces fiers géants, ces tyrans de la terre,
De fer étincelants, armés de leur tonnerre,
Qui s'élancent sur nous, aussi prompts que les vents,
Sur des monstres guerriers pour eux obéissants ?
L'univers a cédé ; cedons, mon cher Zamore.

ZAMORE.

Moi fléchir, moi ramper, lorsque je vis encore !

Ah! Montèze, crois-moi, ces foudres, ces éclairs,
Ce fer dont nos tyrans sont armés et couverts,
Ces rapides coursiers qui sous eux font la guerre,
Pouvaient à leur abord épouvanter la terre :
Je les vois d'un œil fixe, et leur ose insulter;
Pour les vaincre, il suffit de ne rien redouter :
Leur nouveauté, qui seule a fait ce monde esclave,
Subjugue qui la craint, et cède à qui la brave.
L'or, ce poison brillant qui naît dans nos climats,
Attire ici l'Europe, et ne nous défend pas :
Le fer manque à nos mains; les cieux, pour nous avares,
Ont fait ce don funeste à des mains plus barbares :
Mais pour venger enfin nos peuples abattus,
Le ciel, au lieu de fer, nous donna des vertus.
Je combats pour Alzire, et je vaincrai pour elle.

MONTÈZE.

Le ciel est contre toi; calme un frivole zèle
Les temps sont trop changés.

ZAMORE.

Que peux-tu dire, hélas!
Les temps sont-ils changés, si ton cœur ne l'est pas,
Si ta fille est fidèle à ses vœux, à sa gloire,
Si Zamore est présent encore à sa mémoire?
Tu détournes les yeux, tu pleures, tu gémis!

MONTÈZE.

Zamore infortuné!

ZAMORE.

Ne suis-je plus ton fils?
Nos tyrans ont flétri ton ame magnanime;
Sur le bord de la tombe ils t'ont appris le crime.

MONTÈZE.

Je ne suis point coupable, et tous ces conquérants,

Ainsi que tu le crois, ne sont point des tyrans:
Il en est que le ciel guida dans cet empire,
Moins pour nous conquérir qu'afin de nous instruire;
Qui nous ont apporté de nouvelles vertus,
Des secrets immortels, et des arts inconnus,
La science de l'homme, un grand exemple à suivre,
Enfin l'art d'être heureux, de penser, et de vivre.

ZAMORE.

Que dis-tu? quelle horreur ta bouche ose avouer!
Alzire est leur esclave, et tu peux les louer!

MONTÈZE.

Elle n'est point esclave.

ZAMORE.

Ah, Montèze! ah, mon père!
Pardonne à mes malheurs, pardonne à ma colère.
Songe qu'elle est à moi par des nœuds éternels;
Oui, tu me l'as promise aux pieds des immortels;
Ils ont reçu sa foi: son cœur n'est point parjure.

MONTÈZE.

N'atteste point ces dieux, enfants de l'imposture,
Ces fantômes affreux, que je ne connais plus;
Sous le Dieu que j'adore ils sont tous abattus.

ZAMORE.

Quoi, ta religion? quoi, la loi de nos pères?

MONTÈZE

J'ai connu son néant, j'ai quitté ses chimères.
Puisse le Dieu des dieux, dans ce monde ignoré,
Manifester son être à ton cœur éclairé!
Puisses-tu mieux connaître, ô malheureux Zamore
Les vertus de l'Europe, et le Dieu qu'elle adore!

ZAMORE.

Quelles vertus! Cruel! les tyrans de ces lieux

T'ont fait esclave en tout, t'ont arraché tes dieux.
Tu les as donc trahis pour trahir ta promesse ?
Alzire a-t-elle encore imité ta faiblesse ?
Garde-toi....

MONTÈZE.

Va, mon cœur ne se reproche rien :
Je dois bénir mon sort, et pleurer sur le tien.

ZAMORE.

Si tu trahis ta foi, tu dois pleurer, sans doute.
Prends pitié des tourments que ton crime me coûte ;
Prends pitié de ce cœur, enivré tour à tour
De zèle pour mes dieux, de vengeance, et d'amour.
Je cherche ici Gusman ; j'y vole pour Alzire ;
Viens, conduis-moi vers elle, et qu'à ses pieds j'expire :
Ne me dérobe point le bonheur de la voir ;
Crains de porter Zamore au dernier désespoir :
Reprends un cœur humain, que ta vertu bannie....

SCÈNE V.

MONTÈZE, ZAMORE, AMÉRICAINS, GARDES.

UN GARDE, *à Montèze.*

SEIGNEUR, on vous attend pour la cérémonie.

MONTÈZE.

Je vous suis

ZAMORE.

Ah ! cruel, je ne te quitte pas.
Quelle est donc cette pompe où s'adressent tes pas ?
Montèze....

MONTÈZE.

Adieu ; crois-moi, fuis de ce lieu funeste

ZAMORE.

Dût m'accabler ici la colère céleste,
Je te suivrai.

MONTÈZE.

Pardonne à mes soins paternels.
(*aux Gardes.*)
Gardes, empêchez-les de me suivre aux autels.
Des païens, élevés dans des lois étrangères,
Pourraient de nos chrétiens profaner les mystères :
Il ne m'appartient pas de vous donner des lois;
Mais Gusman vous l'ordonne, et parle par ma voix.

SCÈNE VI.

ZAMORE, AMÉRICAINS

ZAMORE.

QU'AI-JE entendu? Gusman! ô trahison! ô rage!
O comble des forfaits! lâche et dernier outrage!
Il servirait Gusman! l'ai-je bien entendu?
Dans l'univers entier n'est-il plus de vertu?
Alzire, Alzire aussi sera-t-elle coupable?
Aura-t-elle sucé ce poison détestable,
Apporté parmi nous par ces persécuteurs
Qui poursuivent nos jours, et corrompent nos mœurs?
Gusman est donc ici? que résoudre, et que faire?

UN AMÉRICAIN.

J'ose ici te donner un conseil salutaire.
Celui qui t'a sauvé, ce vieillard vertueux,
Bientôt avec son fils va paraître à tes yeux.
Aux portes de la ville obtiens qu'on nous conduise :
Sortons, allons tenter notre illustre entreprise;

Allons tout préparer contre nos ennemis,
Et surtout n'épargnons qu'Alvarez et son fils.
J'ai vu de ces remparts l'étrangère structure :
Cet art nouveau pour nous, vainqueur de la nature,
Ces angles, ces fossés, ces hardis boulevarts,
Ces tonnerres d'airain, grondant sur les remparts,
Ces pièges de la guerre, où la mort se présente,
Tout étonnants qu'ils sont, n'ont rien qui m'épouvante.
Hélas! nos citoyens, enchaînés en ces lieux,
Servent à cimenter cet asile odieux;
Ils dressent, d'une main dans les fers avilie,
Ce siège de l'orgueil et de la tyrannie.
Mais, crois-moi, dans l'instant qu'ils verront leurs vengeurs,
Leurs mains vont se lever sur leurs persécuteurs;
Eux-même ils détruiront cet effroyable ouvrage,
Instrument de leur honte et de leur esclavage.
Nos soldats, nos amis, dans ces fossés sanglants,
Vont te faire un chemin sur leurs corps expirants.
Partons, et revenons sur ces coupables têtes
Tourner ces traits de feu, ce fer, et ces tempêtes,
Ce salpêtre enflammé, qui d'abord à nos yeux
Parut un feu sacré lancé des mains des dieux.
Connaissons, renversons cette horrible puissance,
Que l'orgueil trop long-temps fonda sur l'ignorance.

ZAMORE.

Illustres malheureux, que j'aime à voir vos cœurs
Embrasser mes desseins, et sentir mes fureurs!
Puissions-nous de Gusman punir la barbarie!
Que son sang satisfasse au sang de ma patrie!
Triste divinité des mortels offensés,
Vengeance, arme nos mains; qu'il meure, et c'est assez:
Qu'il meure... mais, hélas! plus malheureux que braves,

Nous parlons de punir, et nous sommes esclaves.
De notre sort affreux le joug s'appesantit;
Alvarez disparaît, Montèze nous trahit.
Ce que j'aime est peut-être en des mains que j'abhorre;
Je n'ai d'autre douceur que d'en douter encore.
Mes amis, quels accents remplissent ce séjour?
Ces flambeaux allumés ont redoublé le jour.
J'entends l'airain tonnant de ce peuple barbare.
Quelle fête, ou quel crime est-ce donc qu'il prépare?
Voyons si de ces lieux on peut au moins sortir,
Si je puis vous sauver, ou s'il nous faut périr.

FIN DU SECOND ACTE.

ACTE TROISIÈME.

SCÈNE I.

ALZIRE.

MANES de mon amant, j'ai donc trahi ma foi !
C'en est fait, et Gusman règne à jamais sur moi !
L'océan, qui s'élève entre nos hémisphères,
A donc mis entre nous d'impuissantes barrières ;
Je suis à lui ; l'autel a donc reçu nos vœux !
Et déja nos serments sont écrits dans les cieux !
O toi qui me poursuis, ombre chère et sanglante,
A mes sens désolés ombre à jamais présente,
Cher amant, si mes pleurs, mon trouble, mes remords
Peuvent percer ta tombe et passer chez les morts,
Si le pouvoir d'un Dieu fait survivre à sa cendre
Cet esprit d'un héros, ce cœur fidèle et tendre,
Cette ame qui m'aima jusqu'au dernier soupir,
Pardonne à cet hymen où j'ai pu consentir !
Il fallait m'immoler aux volontés d'un père,
Au bien de mes sujets dont je me sens la mère,
A tant de malheureux, aux larmes des vaincus,
Au soin de l'univers, hélas ! où tu n'es plus.
Zamore, laisse en paix mon ame déchirée
Suivre l'affreux devoir où les cieux m'ont livrée ;
Souffre un joug imposé par la nécessité ;
Permets ces nœuds cruels, ils m'ont assez coûté.

SCÈNE II.

ALZIRE, ÉMIRE.

ALZIRE.

Eh bien! veut-on toujours ravir à ma présence
Les habitants des lieux si chers à mon enfance?
Ne puis-je voir enfin ces captifs malheureux,
Et goûter la douceur de pleurer avec eux?

ÉMIRE.

Ah! plutôt de Gusman redoutez la furie;
Craignez pour ces captifs, tremblez pour la patrie.
On nous menace, on dit qu'à notre nation
Ce jour sera le jour de la destruction.
On déploie aujourd'hui l'étendard de la guerre;
On allume ces feux enfermés sous la terre;
On assemblait déja le sanglant tribunal;
Montèze est appelé dans ce conseil fatal:
C'est tout ce que j'ai su.

ALZIRE.

Ciel! qui m'avez trompée,
De quel étonnement je demeure frappée!
Quoi! presque entre mes bras, et du pied de l'autel
Gusman contre les miens lève son bras cruel!
Quoi! j'ai fait le serment du malheur de ma vie!
Serment, qui pour jamais m'avez assujettie!
Hymen, cruel hymen! sous quel astre odieux
Mon père a-t-il formé tes redoutables nœuds!

SCÈNE III.

ALZIRE, ÉMIRE, CÉPHANE.

CÉPHANE.

Madame, un des captifs qui dans cette journée
N'ont dû leur liberté qu'à ce grand hyménée,
A vos pieds en secret demande à se jeter.

ALZIRE.

Ah! qu'avec assurance il peut se présenter!
Sur lui, sur ses amis, mon ame est attendrie;
Ils sont chers à mes yeux, j'aime en eux la patrie.
Mais quoi! faut-il qu'un seul demande à me parler?

CÉPHANE.

Il a quelques secrets qu'il veut vous révéler.
C'est ce même guerrier dont la main tutélaire
De Gusman, votre époux, sauva, dit-on, le père.

ÉMIRE.

Il vous cherchait, madame, et Montèze en ces lieux
Par des ordres secrets le cachait à vos yeux.
Dans un sombre chagrin son ame enveloppée
Semblait d'un grand dessein profondément frappée.

CÉPHANE.

On lisait sur son front le trouble et les douleurs :
Il vous nommait, madame, et répandait des pleurs;
Et l'on connaît assez, par ses plaintes secrètes,
Qu'il ignore et le rang et l'éclat où vous êtes.

ALZIRE.

Quel éclat, chère Emire! et quel indigne rang!
Ce héros malheureux peut-être est de mon sang;
De ma famille au moins il a vu la puissance;
Peut-être de Zamore il avait connaissance.

Qui sait si de sa perte il ne fut pas témoin ?
Il vient pour m'en parler ; ah ! quel funeste soin !
Sa voix redoublera les tourments que j'endure ;
Il va percer mon cœur et rouvrir ma blessure.
Mais n'importe, qu'il vienne. Un mouvement confus
S'empare malgré moi de mes sens éperdus.
Hélas ! dans ce palais arrosé de mes larmes,
Je n'ai point encore eu de moments sans alarmes.

SCÈNE IV.

ALZIRE, ZAMORE, ÉMIRE.

ZAMORE.

M'EST-ELLE enfin rendue ? Est-ce elle que je vois ?

ALZIRE.

Ciel ! tels étaient ses traits, sa démarche, sa voix.
(elle tombe entre les bras de sa confidente.)
Zamore.... Je succombe ; à peine je respire.

ZAMORE.

Reconnais ton amant.

ALZIRE.

Zamore aux pieds d'Alzire !
Est-ce une illusion ?

ZAMORE.

Non : je revis pour toi ;
Je réclame à tes pieds tes serments et ta foi.
O moitié de moi-même ! idole de mon ame !
Toi qu'un amour si tendre assurait à ma flamme,
Qu'as-tu fait des saints nœuds qui nous ont enchaînés ?

ALZIRE.

O jours, ô doux moments d'horreur empoisonnés !

Cher et fatal objet de douleur et de joie!
Ah! Zamore, en quel temps faut-il que je te voie?
Chaque mot dans mon cœur enfonce le poignard.

ZAMORE.

Tu gémis, et me vois!

ALZIRE.

Je t'ai revu trop tard.

ZAMORE.

Le bruit de mon trépas a dû remplir le monde.
J'ai traîné loin de toi ma course vagabonde,
Depuis que ces brigands, t'arrachant à mes bras,
M'enlevèrent mes dieux, mon trône, et tes appas.
Sais-tu que ce Gusman, ce destructeur sauvage,
Par des tourments sans nombre éprouva mon courage?
Sais-tu que ton amant, à ton lit destiné,
Chère Alzire, aux bourreaux se vit abandonné?
Tu frémis; tu ressens le courroux qui m'enflamme,
L'horreur de cette injure a passé dans ton ame.
Un Dieu, sans doute, un dieu qui préside à l'amour,
Dans le sein du trépas me conserva le jour
Tu n'as point démenti ce grand dieu qui me guide;
Tu n'es point devenue Espagnole et perfide.
On dit que ce Gusman respire dans ces lieux;
Je venais t'arracher à ce monstre odieux.
Tu m'aimes : vengeons-nous; livre-moi la victime.

ALZIRE.

Oui, tu dois te venger, tu dois punir le crime;
Frappe.

ZAMORE.

Que me dis-tu? Quoi, tes vœux! quoi, ta foi!

ALZIRE.

Frappe, je suis indigne et du jour et de toi.

ZAMORE.

Ah! Montèze! ah! cruel! mon cœur n'a pu te croire.

ALZIRE.

A-t-il osé t'apprendre une action si noire?
Sais-tu pour quel époux j'ai pu t'abandonner?

ZAMORE.

Non, mais parle : aujourd'hui rien ne peut m'étonner.

ALZIRE.

Eh bien! vois donc l'abîme où le sort nous engage;
Vois le comble du crime ainsi que de l'outrage.

ZAMORE.

Alzire!

ALZIRE.

Ce Gusman...

ZAMORE.

Grand dieu!

ALZIRE.

Ton assassin,
Vient en ce même instant de recevoir ma main.

ZAMORE.

Lui?

ALZIRE.

Mon père, Alvarez, ont trompé ma jeunesse;
Ils ont à cet hymen entraîné ma faiblesse.
Ta criminelle amante aux autels des chrétiens
Vient, presque sous tes yeux, de former ces liens.
J'ai tout quitté, mes dieux, mon amant, ma patrie :
Au nom de tous les trois arrache-moi la vie;
Voilà mon cœur, il vole au-devant de tes coups.

ZAMORE.

Alzire, est-il bien vrai? Gusman est ton époux!

ALZIRE.

Je pourrais t'alléguer, pour affaiblir mon crime,
De mon père sur moi le pouvoir légitime,
L'erreur où nous étions, mes regrets, mes combats,
Les pleurs que j'ai trois ans donnés à ton trépas ;
Que, des chrétiens vainqueurs esclave infortunée,
La douleur de ta perte à leur Dieu m'a donnée ;
Que je t'aimai toujours, que mon cœur éperdu
A détesté tes dieux, qui t'ont mal défendu :
Mais je ne cherche point, je ne veux point d'excuse ;
Il n'en est point pour moi, lorsque l'amour m'accuse.
Tu vis, il me suffit. Je t'ai manqué de foi ;
Tranche mes jours affreux, qui ne sont plus pour toi.
Quoi ! tu ne me vois point d'un œil impitoyable ?

ZAMORE.

Non, si je suis aimé, non, tu n'es point coupable :
Puis-je encor me flatter de régner dans ton cœur ?

ALZIRE.

Quand Montèze, Alvarez, peut-être un Dieu vengeur,
Nos chrétiens, ma faiblesse, au temple m'ont conduite,
Sûre de ton trépas, à cet hymen réduite,
Enchaînée à Gusman par des nœuds éternels,
J'adorais ta mémoire au pied de nos autels.
Nos peuples, nos tyrans, tous ont su que je t'aime ;
Je l'ai dit à la terre, au ciel, à Gusman même ;
Et dans l'affreux moment, Zamore, où je te vois,
Je te le dis encor pour la dernière fois.

ZAMORE.

Pour la dernière fois Zamore t'aurait vue !
Tu me serais ravie aussitôt que rendue !
Ah ! si l'amour encor te parlait aujourd'hui !....

ALZIRE.

O ciel ! c'est Gusman même, et son père avec lui.

SCÈNE V.

ALVAREZ, GUSMAN, ZAMORE, ALZIRE,

ALVAREZ, *à son fils.*

Tu vois mon bienfaiteur, il est auprès d'Alzire.

(à Zamore.)

O toi ! jeune héros ! toi, par qui je respire,
Viens, ajoute à ma joie en cet auguste jour ;
Viens avec mon cher fils partager mon amour.

ZAMORE.

Qu'entends-je ! lui, Gusman ! lui, ton fils ! ce barbare !

ALZIRE.

Ciel ! détourne les coups que ce moment prépare

ALVAREZ.

Dans quel étonnement....

ZAMORE.

Quoi ! le ciel a permis
Que ce vertueux père eût cet indigne fils ?

GUSMAN.

Esclave, d'où te vient cette aveugle furie ?
Sais-tu bien qui je suis ?

ZAMORE.

Horreur de ma patrie !
Parmi les malheureux que ton pouvoir a faits,
Connais-tu bien Zamore, et vois-tu tes forfaits ?

GUSMAN.

Toi !

ALVAREZ.

Zamore !

ZAMORE.

Oui, lui-même, à qui ta barbarie
Voulut ôter l'honneur, et crut ôter la vie ;

Lui, que tu fis languir dans des tourments honteux,
Lui, dont l'aspect ici te fait baisser les yeux.
Ravisseur de nos biens, tyran de notre empire,
Tu viens de m'arracher le seul bien où j'aspire.
Achève, et de ce fer, trésor de tes climats,
Préviens mon bras vengeur, et préviens ton trépas.
La main, la même main qui t'a rendu ton père,
Dans ton sang odieux pourrait venger la terre [1];
Et j'aurais les mortels et les dieux pour amis,
En révérant le père, et punissant le fils.

ALVAREZ, *à Gusman.*

De ce discours, ô ciel! que je me sens confondre!
Vous sentez-vous coupable, et pouvez-vous répondre?

GUSMAN.

Répondre à ce rebelle, et daigner m'avilir
Jusqu'à le réfuter, quand je le dois punir!
Son juste châtiment, que lui-même il prononce,
Sans mon respect pour vous eût été ma réponse.
(*à Alzire.*)
Madame, votre cœur doit vous instruire assez
A quel point en secret ici vous m'offensez;

---

[1] *Père* doit rimer avec *terre*, parce qu'on les prononce tous deux de même. C'est aux oreilles et non pas aux yeux qu'il faut rimer. Cela est si vrai, que le mot *paon* n'a jamais rimé avec *Phaon*, quoique l'orthographe soit la même; et le mot *encore* rime très bien avec *abhorre*, quoiqu'il n'y ait qu'un *r* à l'un et qu'il y en ait deux à l'autre. La rime est faite pour l'oreille; un usage contraire ne serait qu'une pédanterie ridicule et déraisonnable

Vous qui, sinon pour moi, du moins pour votre gloire,
Deviez de cet esclave étouffer la mémoire;
Vous, dont les pleurs encore outragent votre époux;
Vous, que j'aimais assez pour en être jaloux.

ALZIRE.

(à Gusman.) (à Alvarez.)
Cruel! Et vous, seigneur! mon protecteur, son père
(à Zamore.)
Toi, jadis mon espoir en un temps plus prospère,
Voyez le joug horrible où mon sort est lié,
Et frémissez tous trois d'horreur et de pitié.
(en montrant Zamore.)
Voici l'amant, l'époux que me choisit mon père,
Avant que je connusse un nouvel hémisphère;
Avant que de l'Europe on nous portât des fers
Le bruit de son trépas perdit cet univers.
Je vis tomber l'empire où régnaient mes ancêtres;
Tout changea sur la terre, et je connus des maîtres.
Mon père infortuné, plein d'ennuis et de jours,
Au Dieu que vous servez eut à la fin recours:
C'est ce Dieu des chrétiens, que devant vous j'atteste;
Ses autels sont témoins de mon hymen funeste;
C'est aux pieds de ce Dieu qu'un horrible serment
Me donne au meurtrier qui m'ôta mon amant.
Je connais mal peut-être une loi si nouvelle;
Mais j'en crois ma vertu, qui parle aussi haut qu'elle
Zamore, tu m'es cher, je t'aime, je le doi;
Mais après mes serments je ne puis être à toi.
Toi, Gusman, dont je suis l'épouse et la victime,
Je ne suis point à toi, cruel, après ton crime.
Qui des deux osera se venger aujourd'hui?
Qui percera ce cœur que l'on arrache à lui?

Toujours infortunée, et toujours criminelle,
Perfide envers Zamore, à Gusman infidèle,
Qui me délivrera, par un trépas heureux,
De la nécessité de vous trahir tous deux?
Gusman, du sang des miens ta main déja rougie,
Frémira moins qu'une autre à m'arracher la vie.
De l'hymen, de l'amour il faut venger les droits.
Punis une coupable, et sois juste une fois.

GUSMAN.

Ainsi vous abusez d'un reste d'indulgence
Que ma bonté trahie oppose à votre offense:
Mais vous le demandez, et je vais vous punir;
Votre supplice est prêt, mon rival va périr.
Holà, soldats.

ALZIRE.

Cruel!

ALVAREZ.

Mon fils, qu'allez-vous faire?
Respectez ses bienfaits, respectez sa misère.
Quel est l'état horrible, ô ciel, où je me vois!
L'un tient de moi la vie, à l'autre je la dois!
Ah! mes fils, de ce nom ressentez la tendresse;
D'un père infortuné regardez la vieillesse;
Et du moins....

SCÈNE VI.

ALVAREZ, GUSMAN, ALZIRE, ZAMORE, D. ALONZE.

ALONZE.

Paraissez, seigneur, et commandez:
D'armes et d'ennemis ces champs sont inondés;

Ils marchent vers ces murs, et le nom de Zamore
Est le cri menaçant qui les rassemble encore;
Ce nom sacré pour eux se mêle dans les airs
A ce bruit belliqueux des barbares concerts;
Sous leurs boucliers d'or les campagnes mugissent;
De leurs cris redoublés les échos retentissent;
En bataillons serrés ils mesurent leurs pas
Dans un ordre nouveau, qu'ils ne connaissaient pas;
Et ce peuple, autrefois vil fardeau de la terre,
Semble apprendre de nous le grand art de la guerre.

GUSMAN.

Allons, à leurs regards il faut donc se montrer;
Dans la poudre à l'instant vous les verrez rentrer.
Héros de la Castille, enfants de la victoire,
Ce monde est fait pour vous; vous l'êtes pour la gloire,
Eux pour porter vos fers, vous craindre, et vous servir.

ZAMORE.

Mortel égal à moi, nous, faits pour obéir?

GUSMAN.

Qu'on l'entraîne.

ZAMORE.

Oses-tu, tyran de l'innocence,
Oses-tu me punir d'une juste défense?
(aux Espagnols qui l'entourent.)
Êtes-vous donc des dieux qu'on ne puisse attaquer?
Et, teints de notre sang, faut-il vous invoquer?

GUSMAN.

Obéissez.

ALZIRE.

Seigneur!

ALVAREZ.

Dans ton courroux sévère,
Songe au moins, mon cher fils, qu'il a sauvé ton père.

GUSMAN.

Seigneur, je songe à vaincre, et je l'appris de vous ;
J'y vole : adieu.

SCÈNE VII

ALVAREZ, ALZIRE.

ALZIRE, *se jetant à genoux.*

Seigneur, j'embrasse vos genoux ;
C'est à votre vertu que je rends cet hommage,
Le premier où le sort abaissa mon courage.
Vengez, seigneur, vengez sur ce cœur affligé
L'honneur de votre fils par sa femme outragé.
Mais à mes premiers nœuds mon ame était unie,
Hélas ! peut-on deux fois se donner dans sa vie ?
Zamore était à moi, Zamore eut mon amour :
Zamore est vertueux ; vous lui devez le jour.
Pardonnez.... je succombe à ma douleur mortelle.

ALVAREZ.

Je conserve pour toi ma bonté paternelle.
Je plains Zamore et toi ; je serai ton appui :
Mais songe au nœud sacré qui t'attache aujourd'hui ;
Ne porte point l'horreur au sein de ma famille :
Non, tu n'es plus à toi ; sois mon sang, sois ma fille :
Gusman fut inhumain, je le sais, j'en frémis ;
Mais il est ton époux, il t'aime, il est mon fils :
Son ame à la pitié se peut ouvrir encore.

ALZIRE.

Hélas, que n'êtes-vous le père de Zamore !

FIN DU TROISIÈME ACTE.

ACTE QUATRIÈME

SCÈNE I.

ALVAREZ, GUSMAN.

ALVAREZ.

Méritez donc, mon fils, un si grand avantage.
Vous avez triomphé du nombre et du courage :
Et de tous les vengeurs de ce triste univers
Une moitié n'est plus, et l'autre est dans vos fers.
Ah ! n'ensanglantez point le prix de la victoire :
Mon fils, que la clémence ajoute à votre gloire.
Je vais, sur les vaincus étendant mes secours,
Consoler leur misère et veiller sur leurs jours.
Vous, songez cependant qu'un père vous implore ;
Soyez homme et chrétien, pardonnez à Zamore.
Ne pourrai-je adoucir vos inflexibles mœurs ?
Et n'apprendrez-vous point à conquérir des cœurs ?

GUSMAN.

Ah ! vous percez le mien. Demandez-moi ma vie ;
Mais laissez un champ libre à ma juste furie ;
Ménagez le courroux de mon cœur opprimé.
Comment lui pardonner ? le barbare est aimé.

ALVAREZ.

Il en est plus à plaindre.

GUSMAN.

A plaindre ? lui, mon père !
Ah ! qu'on me plaigne ainsi, la mort me sera chère.

ALVAREZ.

Quoi! vous joignez encore à cet ardent courroux
La fureur des soupçons, ce tourment des jaloux?

GUSMAN.

Et vous condamneriez jusqu'à ma jalousie?
Quoi! ce juste transport dont mon ame est saisie,
Ce triste sentiment plein de honte et d'horreur,
Si légitime en moi, trouve en vous un censeur!
Vous voyez sans pitié ma douleur effrénée!

ALVAREZ.

Mêlez moins d'amertume à votre destinée :
Alzire a des vertus, et loin de les aigrir,
Par des dehors plus doux vous devez l'attendrir.
Son cœur de ces climats conserve la rudesse;
Il résiste à la force, il cède à la souplesse;
Et la douceur peut tout sur notre volonté.

GUSMAN.

Moi, que je flatte encor l'orgueil de sa beauté?
Que sous un front serein déguisant mon outrage,
A de nouveaux mépris ma honte l'encourage?
Ne devriez-vous pas, de mon honneur jaloux,
Au lieu de le blâmer partager mon courroux?
J'ai déja trop rougi d'épouser une esclave,
Qui m'ose dédaigner, qui me hait, qui me brave,
Dont un autre à mes yeux possède encor le cœur,
Et que j'aime, en un mot, pour comble de malheur.

ALVAREZ.

Ne vous repentez point d'un amour légitime;
Mais sachez le régler : tout excès mène au crime.
Promettez-moi du moins de ne décider rien
Avant de m'accorder un second entretien.

GUSMAN.

Eh! que pourrait un fils refuser à son père?
Je veux bien pour un temps suspendre ma colère;
N'en exigez pas plus de mon cœur outragé.

ALVAREZ.

Je ne veux que du temps.

(il sort.)

GUSMAN.

Quoi! n'être point vengé?
Aimer, me repentir, être réduit encore
A l'horreur d'envier le destin de Zamore,
D'un de ces vils mortels en Europe ignorés,
Qu'à peine du nom d'homme on aurait honorés....
Que vois-je! Alzire! ô ciel!

SCÈNE II.

GUSMAN, ALZIRE, ÉMIRE.

ALZIRE.

C'est moi, c'est ton épouse;
C'est ce fatal objet de ta fureur jalouse,
Qui n'a pu te chérir, qui t'a dû révérer,
Qui te plaint, qui t'outrage, et qui vient t'implorer.
Je n'ai rien déguisé. Soit grandeur, soit faiblesse,
Ma bouche a fait l'aveu qu'un autre a ma tendresse;
Et ma sincérité, trop funeste vertu,
Si mon amant périt, est ce qui l'a perdu.
Je vais plus t'étonner: ton épouse a l'audace
De s'adresser à toi pour demander sa grâce.
J'ai cru que don Gusman, tout fier, tout rigoureux,
Tout terrible qu'il est, doit être généreux.

J'ai pensé qu'un guerrier, jaloux de sa puissance,
Peut mettre l'orgueil même à pardonner l'offense :
Une telle vertu séduirait plus nos cœurs
Que tout l'or de ces lieux n'éblouit nos vainqueurs.
Par ce grand changement dans ton ame inhumaine,
Par un effort si beau, tu vas changer la mienne;
Tu t'assures ma foi, mon respect, mon retour,
Tous mes vœux (s'il en est qui tiennent lieu d'amour).
Pardonne.... je m'égare.... éprouve mon courage.
Peut-être une Espagnole eût promis davantage,
Elle eût pu prodiguer les charmes de ses pleurs;
Je n'ai point leurs attraits, et je n'ai point leurs mœurs;
Ce cœur simple et formé des mains de la nature,
En voulant t'adoucir redouble ton injure :
Mais enfin c'est à toi d'essayer désormais
Sur ce cœur indomté la force des bienfaits.

GUSMAN.

Eh bien! si les vertus peuvent tant sur votre ame,
Pour en suivre les lois, connaissez-les, madame.
Étudiez nos mœurs avant de les blâmer;
Ces mœurs sont vos devoirs; il faut s'y conformer.
Sachez que le premier est d'étouffer l'idée
Dont votre ame à mes yeux est encor possédée;
De vous respecter plus, et de n'oser jamais
Me prononcer le nom d'un rival que je hais;
D'en rougir la première, et d'attendre en silence
Ce que doit d'un barbare ordonner ma vengeance.
Sachez que votre époux, qu'ont outragé vos feux,
S'il peut vous pardonner, est assez généreux.
Plus que vous ne pensez je porte un cœur sensible;
Et ce n'est pas à vous à me croire inflexible.

SCÈNE III.

ALZIRE, ÉMIRE.

ÉMIRE.

Vous voyez qu'il vous aime ; on pourrait l'attendrir.

ALZIRE.

S'il m'aime, il est jaloux ; Zamore va périr
J'assassinais Zamore en demandant sa vie.
Ah ! je l'avais prévu. M'auras-tu mieux servie ?
Pourras-tu le sauver ? Vivra-t-il loin de moi ?
Du soldat qui le garde as-tu tenté la foi ?

ÉMIRE.

L'or qui les séduit tous vient d'éblouir sa vue :
Sa foi, n'en doutez point, sa main vous est vendue.

ALZIRE.

Ainsi, grâces aux cieux, ces métaux détestés
Ne servent pas toujours à nos calamités.
Ah ! ne perds point de temps : tu balances encore !

ÉMIRE.

Mais aurait-on juré la perte de Zamore ?
Alvarez aurait-il assez peu de crédit ?
Et le conseil enfin....

ALZIRE.

Je crains tout : il suffit
Tu vois de ces tyrans la fureur despotique ;
Ils pensent que pour eux le ciel fit l'Amérique,
Qu'ils en sont nés les rois ; et Zamore à leurs yeux,
Tout souverain qu'il fut, n'est qu'un séditieux.
Conseil de meurtriers ! Gusman ! peuple barbare !
Je préviendrai les coups que votre main prépare.
Ce soldat ne vient point ; qu'il tarde à m'obéir !

ÉMIRE.

Madame, avec Zamore il va bientôt venir;
Il court à la prison. Déja la nuit plus sombre
Couvre ce grand dessein du secret de son ombre:
Fatigués de carnage et de sang enivrés,
Les tyrans de la terre au sommeil sont livrés.

ALZIRE.

Allons, que ce soldat nous conduise à la porte;
Qu'on ouvre la prison, que l'innocence en sorte.

ÉMIRE.

Il vous prévient déja; Céphane le conduit;
Mais si l'on vous rencontre en cette obscure nuit,
Votre gloire est perdue, et cette honte extrême...

ALZIRE.

Va, la honte serait de trahir ce que j'aime.
Cet honneur étranger, parmi nous inconnu,
N'est qu'un fantôme vain qu'on prend pour la vertu:
C'est l'amour de la gloire, et non de la justice,
La crainte du reproche, et non celle du vice.
Je fus instruite, Émire, en ce grossier climat,
A suivre la vertu sans en chercher l'éclat.
L'honneur est dans mon cœur, et c'est lui qui m'ordonne
De sauver un héros que le ciel abandonne.

SCÈNE IV.

ALZIRE, ZAMORE, ÉMIRE, UN SOLDAT.

ALZIRE.

Tout est perdu pour toi; tes tyrans sont vainqueurs:
Ton supplice est tout prêt; si tu ne fuis, tu meurs.
Pars, ne perds point de temps; prends ce soldat pour guide.
Trompons des meurtriers l'espérance homicide;

Tu vois mon désespoir et mon saisissement;
C'est à toi d'épargner la mort à mon amant,
Un crime à mon époux, et des larmes au monde.
L'Amérique t'appelle, et la nuit te seconde;
Prends pitié de ton sort, et laisse-moi le mien.

ZAMORE.

Esclave d'un barbare, épouse d'un chrétien,
Toi qui m'as tant aimé, tu m'ordonnes de vivre!
Eh bien! j'obéirai : mais oses-tu me suivre?
Sans trône, sans secours, au comble du malheur,
Je n'ai plus à t'offrir qu'un désert et mon cœur :
Autrefois à tes pieds j'ai mis un diadème.

ALZIRE.

Ah! qu'était-il sans toi? qu'ai-je aimé que toi-même?
Et qu'est-ce auprès de toi que ce vil univers?
Mon ame va te suivre au fond de tes deserts;
Je vais seule en ces lieux, où l'horreur me consume,
Languir dans les regrets, sécher dans l'amertume,
Mourir dans le remords d'avoir trahi ma foi,
D'être au pouvoir d'un autre, et de brûler pour toi.
Pars, emporte avec toi mon bonheur et ma vie;
Laisse-moi les horreurs du devoir qui me lie.
J'ai mon amant ensemble et ma gloire à sauver!
Tous deux me sont sacrés; je les veux conserver.

ZAMORE.

Ta gloire! Quelle est donc cette gloire inconnue?
Quel fantôme d'Europe a fasciné ta vue?
Quoi! ces affreux serments, qu'on vient de te dicter,
Quoi! ce temple chrétien, que tu dois détester,
Ce dieu, ce destructeur des dieux de mes ancêtres,
T'arrachent à Zamore et te donnent des maîtres?

ALZIRE.

J'ai promis, il suffit; il n'importe à quel dieu.

ZAMORE.

Ta promesse est un crime; elle est ma perte; adieu.
Périssent tes serments, et ton dieu que j'abhorre!

ALZIRE.

Arrête : quels adieux! arrête, cher Zamore!

ZAMORE.

Gusman est ton époux!

ALZIRE.

Plains-moi, sans m'outrager.

ZAMORE.

Songe à nos premiers nœuds.

ALZIRE.

Je songe à ton danger.

ZAMORE.

Non, tu trahis, cruelle, un feu si légitime.

ALZIRE.

Non, je t'aime à jamais; et c'est un nouveau crime.
Laisse-moi mourir seule : ôte-toi de ces lieux.
Quel désespoir horrible étincelle en tes yeux?
Zamore....

ZAMORE.

C'en est fait.

ALZIRE.

Où vas-tu?

ZAMORE.

Mon courage
De cette liberté va faire un digne usage.

ALZIRE.

Tu n'en saurais douter, je péris si tu meurs.

ZAMORE.

Peux-tu mêler l'amour à ces moments d'horreurs?
Laisse-moi, l'heure fuit, le jour vient, le temps presse:
Soldat, guide mes pas.

SCÈNE V.

ALZIRE, ÉMIRE.

ALZIRE.

Je succombe; il me laisse;
Il part, que va-t-il faire? O moment plein d'effroi!
Gusman! Quoi, c'est donc lui que j'ai quitté pour toi!
Émire, suis ses pas, vole, et reviens m'instruire
S'il est en sûreté, s'il faut que je respire.
Va voir si ce soldat nous sert ou nous trahit.

(Émire sort.)

Un noir pressentiment m'afflige et me saisit:
Ce jour, ce jour pour moi ne peut être qu'horrible.
O toi, Dieu des chrétiens, Dieu vainqueur et terrible!
Je connais peu tes lois; ta main, du haut des cieux,
Perce à peine un nuage épaissi sur mes yeux;
Mais si je suis à toi, si mon amour t'offense,
Sur ce cœur malheureux épuise ta vengeance.
Grand Dieu! conduis Zamore au milieu des déserts;
Ne serais-tu le Dieu que d'un autre univers?
Les seuls Européans sont-ils nés pour te plaire?
Es-tu tyran d'un monde, et de l'autre le père?
Les vainqueurs, les vaincus, tous ces faibles humains,
Sont tous également l'ouvrage de tes mains.
Mais de quels cris affreux mon oreille est frappée!
J'entends nommer Zamore: ô ciel! on m'a trompée.
Le bruit redouble, on vient: ah! Zamore est perdu.

SCÈNE VI.

ALZIRE, ÉMIRE.

ALZIRE.

CHÈRE Émire, est-ce toi? qu'a-t-on fait? qu'as-tu vu?
Tire-moi, par pitié, de mon doute terrible.

ÉMIRE.

Ah! n'espérez plus rien; sa perte est infaillible.
Des armes du soldat qui conduisait ses pas
Il a couvert son front, il a chargé son bras.
Il s'éloigne : à l'instant le soldat prend la fuite;
Votre amant au palais court et se précipite;
Je le suis en tremblant, parmi nos ennemis,
Parmi ces meurtriers dans le sang endormis,
Dans l'horreur de la nuit, des morts, et du silence.
Au palais de Gusman je le vois qui s'avance;
Je l'appelais en vain de la voix et des yeux;
Il m'échappe, et soudain j'entends des cris affreux :
J'entends dire : Qu'il meure! on court, on vole aux armes.
Retirez-vous, madame, et fuyez tant d'alarmes;
Rentrez.

ALZIRE.

Ah! chère Émire, allons le secourir.

ÉMIRE.

Que pouvez-vous, madame? ô ciel!

ALZIRE.

Je peux mourir.

SCÈNE VII.

ALZIRE, ÉMIRE, D. ALONZE, GARDES

ALONZE.

À mes ordres secrets, madame, il faut vous rendre.

ALZIRE.

Que me dis-tu, barbare, et que viens-tu m'apprendre
Qu'est devenu Zamore?

ALONZE.

En ce moment affreux
Je ne puis qu'annoncer un ordre rigoureux.
Daignez me suivre.

ALZIRE.

O sort! ô vengeance trop forte!
Cruels! quoi, ce n'est point la mort que l'on m'apport
Quoi, Zamore n'est plus, et je n'ai que des fers!
Tu gémis, et tes yeux de larmes sont couverts!
Mes maux ont-ils touché les cœurs nés pour la haine
Viens; si la mort m'attend, viens, j'obéis sans peine.

FIN DU QUATRIÈME ACTE.

ACTE CINQUIÈME.

SCÈNE I.

ALZIRE, GARDES.

ALZIRE.

Préparez-vous pour moi vos supplices cruels,
Tyrans, qui vous nommez les juges des mortels ?
Laissez-vous dans l'horreur de cette inquiétude
De mes destins affreux flotter l'incertitude ?
On m'arrête, on me garde, on ne m'informe pas
Si l'on a résolu ma vie ou mon trépas.
Ma voix nomme Zamore, et mes gardes pâlissent ;
Tout s'émeut à ce nom : ces monstres en frémissent.

SCÈNE II.

MONTÈZE, ALZIRE.

ALZIRE.

Ah, mon père !

MONTÈZE.

Ma fille, où nous as-tu réduits ?
Voilà de ton amour les exécrables fruits.
Hélas ! nous demandions la grâce de Zamore ;
Alvarez avec moi daignait parler encore :
Un soldat à l'instant se présente à nos yeux ;
C'était Zamore même, égaré, furieux.
Par ce déguisement la vue était trompée ;
A peine entre ses mains j'aperçois une épée :

Entrer, voler vers nous, s'élancer sur Gusman,
L'attaquer, le frapper, n'est pour lui qu'un moment.
Le sang de ton époux rejaillit sur ton père :
Zamore, au même instant dépouillant sa colère,
Tombe aux pieds d'Alvarez ; et tranquille et soumis,
Lui présentant ce fer teint du sang de son fils :
J'ai fait ce que j'ai dû, j'ai vengé mon injure ;
Fais ton devoir, dit-il, et venge la nature.
Alors il se prosterne, attendant le trépas.
Le père tout sanglant se jette entre mes bras ;
Tout se réveille, on court, on s'avance, on s'écrie,
On vole à ton époux, on rappelle sa vie ;
On arrête son sang, on presse le secours
De cet art inventé pour conserver nos jours.
Tout le peuple à grands cris demande ton supplice.
Du meurtre de son maître il te croit la complice.

ALZIRE.

Vous pourriez...?

MONTÈZE.

Non, mon cœur ne t'en soupçonne pa
Non, le tien n'est pas fait pour de tels attentats ;
Capable d'une erreur, il ne l'est point d'un crime ;
Tes yeux s'étaient fermés sur le bord de l'abîme.
Je le souhaite ainsi, je le crois ; cependant
Ton époux va mourir des coups de ton amant.
On va te condamner ; tu vas perdre la vie
Dans l'horreur du supplice et dans l'ignominie ;
Et je retourne enfin, par un dernier effort,
Demander au conseil et ta grâce et ma mort.

ALZIRE.

Ma grâce ! à mes tyrans ? les prier ! vous, mon père !
Osez vivre et m'aimer, c'est ma seule prière.

Je plains Gusman ; son sort a trop de cruauté ;
Et je le plains surtout de l'avoir mérité.
Pour Zamore, il n'a fait que venger son outrage ;
Je ne puis excuser ni blâmer son courage.
J'ai voulu le sauver, je ne m'en défends pas.
Il mourra.... Gardez-vous d'empêcher mon trépas.

MONTÈZE.

O ciel ! inspire-moi, j'implore tâ clémence !

(Il sort.)

SCÈNE III.

ALZIRE.

O ciel ! anéantis ma fatale existence.
Quoi, ce Dieu que je sers me laisse sans secours !
Il défend à mes mains d'attenter sur mes jours !
Ah ! j'ai quitté des dieux dont la bonté facile
Me permettait la mort, la mort, mon seul asile.
Eh ! quel crime est-ce donc devant ce Dieu jaloux
De hâter un moment qu'il nous prépare à tous ?
Quoi ! du calice amer d'un malheur si durable
Faut-il boire à longs traits la lie insupportable ?
Ce corps vil et mortel est-il donc si sacré
Que l'esprit qui le meut ne le quitte à son gré ?
Ce peuple de vainqueurs, armé de son tonnerre,
A-t-il le droit affreux de dépeupler la terre,
D'exterminer les miens, de déchirer mon flanc ?
Et moi, je ne pourrai disposer de mon sang ?
Je ne pourrai sur moi permettre à mon courage
Ce que sur l'univers il permet à sa rage ?
Zamore va mourir dans des tourments affreux.
Barbares !

SCÈNE IV.

ZAMORE, *enchaîné*, ALZIRE, GARDES.

ZAMORE.

C'EST ici qu'il faut périr tous deux.
Sous l'horrible appareil de sa fausse justice
Un tribunal de sang te condamne au supplice.
Gusman respire encor ; mon bras désespéré
N'a porté dans son sein qu'un coup mal assuré :
Il vit pour achever le malheur de Zamore ;
Il mourra tout couvert de ce sang que j'adore ;
Nous périrons ensemble à ses yeux expirants
Il va goûter encor le plaisir des tyrans.
Alvarez doit ici prononcer de sa bouche
L'abominable arrêt de ce conseil farouche.
C'est moi qui t'ai perdue, et tu péris pour moi.

ALZIRE.

Va, je ne me plains plus, je mourrai près de toi
Tu m'aimes, c'est assez ; bénis ma destinée,
Bénis le coup affreux qui rompt mon hyménée ;
Songe que ce moment où je vais chez les morts
Est le seul où mon cœur peut t'aimer sans remords.
Libre par mon supplice, à moi-même rendue,
Je dispose à la fin d'une foi qui t'est due.
L'appareil de la mort, élevé pour nous deux,
Est l'autel où mon cœur te rend ses premiers feux ;
C'est là que j'expierai le crime involontaire
De l'infidélité que j'avais pu te faire.
Ma plus grande amertume en ce funeste sort
C'est d'entendre Alvarez prononcer notre mort.

ZAMORE.

Ah ! le voici ; les pleurs inondent son visage.

ALZIRE.

Qui de nous trois, ô ciel ! a reçu plus d'outrage ?
Et que d'infortunés le sort assemble ici !

SCÈNE V.

ALZIRE, ZAMORE, ALVAREZ, GARDES.

ZAMORE.

J'ATTENDS la mort de toi, le ciel le veut ainsi ;
Tu dois me prononcer l'arrêt qu'on vient de rendre
Parle sans te troubler, comme je vais t'entendre ;
Et fais livrer sans crainte aux supplices tout prêts
L'assassin de ton fils, et l'ami d'Alvarez.
Mais que t'a fait Alzire ? et quelle barbarie
Te force à lui ravir une innocente vie ?
Les Espagnols enfin t'ont donné leur fureur :
Une injuste vengeance entre-t-elle en ton cœur ?
Connu seul parmi nous par ta clémence auguste,
Tu veux donc renoncer à ce grand nom de juste !
Dans le sang innocent ta main va se baigner !

ALZIRE.

Venge-toi, venge un fils, mais sans me soupçonner.
Épouse de Gusman, ce nom seul doit t apprendre
Que loin de le trahir je l'aurais su défendre.
J'ai respecté ton fils ; et ce cœur gémissant
Lui conserva sa foi, même en le haïssant.
Que je sois de ton peuple applaudie ou blâmée,
Ta seule opinion fera ma renommée :
Estimée en mourant d'un cœur tel que le tien,
Je dédaigne le reste, et ne demande rien.

Zamore va mourir, il faut bien que je meure;
C'est tout ce que j'attends, et c'est toi que je pleure.

ALVAREZ.

Quel mélange, grand Dieu, de tendresse et d'horreur!
L'assassin de mon fils est mon libérateur.
Zamore!.... oui, je te dois des jours que je déteste;
Tu m'as vendu bien cher un présent si funeste....
Je suis père, mais homme; et malgré ta fureur,
Malgré la voix du sang qui parle à ma douleur,
Qui demande vengeance à mon ame éperdue,
La voix de tes bienfaits est encore entendue.
Et toi qui fus ma fille, et que dans nos malheurs
J'appelle encor d'un nom qui fait couler nos pleurs,
Va, ton père est bien loin de joindre à ses souffrances
Cet horrible plaisir que donnent les vengeances.
Il faut perdre à la fois, par des coups inouis,
Et mon libérateur, et ma fille, et mon fils.
Le conseil vous condamne : il a dans sa colère
Du fer de la vengeance armé la main d'un père.
Je n'ai point refusé ce ministère affreux....
Et je viens le remplir pour vous sauver tous deux.
Zamore, tu peux tout.

ZAMORE.

Je peux sauver Alzire?
Ah! parle, que faut-il?

ALVAREZ.

Croire un Dieu qui m'inspire.
Tu peux changer d'un mot et son sort et le tien;
Ici la loi pardonne à qui se rend chrétien.
Cette loi, que naguère un saint zèle a dictée,
Du ciel en ta faveur y semble être apportée.
Le Dieu qui nous apprit lui-même à pardonner

De son ombre à nos yeux saura t'environner.
Tu vas des Espagnols arrêter la colère;
Ton sang, sacré pour eux, est le sang de leur frère;
Les traits de la vengeance, en leurs mains suspendus,
Sur Alzire et sur toi ne se tourneront plus.
Je réponds de sa vie, ainsi que de la tienne;
Zamore, c'est de toi qu'il faut que je l'obtienne.
Ne sois point inflexible à cette faible voix;
Je te devrai la vie une seconde fois.
Cruel, pour me payer du sang dont tu me prives,
Un père infortuné demande que tu vives.
Rends-toi chrétien comme elle; accorde-moi ce prix
De ses jours et des tiens, et du sang de mon fils.

ZAMORE, *à Alzire.*

Alzire, jusque-là chéririons-nous la vie?
La racheterions-nous par notre ignominie?
Quitterai-je mes dieux pour le dieu de Gusman?
(*à Alvarez.*)
Et toi, plus que ton fils seras-tu mon tyran?
Tu veux qu'Alzire meure, ou que je vive en traître!
Ah! lorsque de tes jours je me suis vu le maître,
Si j'avais mis ta vie à cet indigne prix,
Parle, aurais-tu quitté le dieu de ton pays?

ALVAREZ.

J'aurais fait ce qu'ici tu me vois faire encore.
J'aurais prié ce Dieu, seul être que j'adore,
De n'abandonner pas un cœur tel que le tien,
Tout aveugle qu'il est, digne d'être chrétien.

ZAMORE.

Dieux! quel genre inouï de trouble et de supplice!
Entre quels attentats faut-il que je choisisse?

(à Alzire.)

Il s'agit de tes jours; il s'agit de mes dieux.
Toi qui m'oses aimer, ose juger entre eux;
Je m'en remets à toi; mon cœur se flatte encore
Que tu ne voudras point la honte de Zamore.

ALZIRE.

Ecoute. Tu sais trop qu'un père infortuné
Disposa de ce cœur que je t'avais donné;
Je reconnus son Dieu : tu peux de ma jeunesse
Accuser, si tu veux, l'erreur ou la faiblesse;
Mais des lois des chrétiens mon esprit enchanté
Vit chez eux, ou du moins crut voir la vérité;
Et ma bouche, abjurant les dieux de ma patrie,
Par mon ame en secret ne fut point démentie :
Mais renoncer au dieu que l'on croit dans son cœur,
C'est le crime d'un lâche, et non pas une erreur;
C'est trahir à la fois, sous un masque hypocrite,
Et le dieu qu'on préfère, et le dieu que l'on quitte;
C'est mentir au ciel même, à l'univers, à soi.
Mourons; mais, en mourant, sois digne encor de moi :
Et si Dieu ne te donne une clarté nouvelle,
Ta probité te parle, il faut n'écouter qu'elle.

ZAMORE.

J'ai prévu ta réponse : il vaut mieux expirer
Et mourir avec toi, que se déshonorer.

ALVAREZ.

Cruels, ainsi tous deux vous voulez votre perte!
Vous bravez ma bonté qui vous était offerte.
Écoutez, le temps presse, et ces lugubres cris....

SCÈNE VI.

ALVAREZ, ZAMORE, ALZIRE, ALONZE,
AMÉRICAINS, ESPAGNOLS.

ALONZE.

On amène à vos yeux votre malheureux fils :
Seigneur, entre vos bras il veut quitter la vie
Du peuple qui l'aimait une troupe en furie,
S'empressant près de lui, vient se rassasier
Du sang de son épouse et de son meurtrier.

SCÈNE VII.

ALVAREZ, GUSMAN, ZAMORE, ALZIRE,
AMÉRICAINS, SOLDATS.

ZAMORE.

Cruels, sauvez Alzire, et pressez mon supplice !

ALZIRE.

Non, qu'une affreuse mort tous trois nous réunisse.

ALVAREZ.

Mon fils mourant, mon fils ! ô comble de douleur !

ZAMORE, *à Gusman.*

Tu veux donc jusqu'au bout consommer ta fureur ?
Viens, vois couler mon sang, puisque tu vis encore ;
Viens apprendre à mourir en regardant Zamore.

GUSMAN, *à Zamore.*

Il est d'autres vertus que je veux t'enseigner :
Je dois un autre exemple, et je viens le donner.
(*à Alvarez.*)
Le ciel qui veut ma mort, et qui l'a suspendue,
Mon père, en ce moment m'amène à votre vue.

Mon ame fugitive, et prête à me quitter,
S'arrête devant vous.... mais pour vous imiter.
Je meurs : le voile tombé; un nouveau jour m'éclaire;
Je ne me suis connu qu'au bout de ma carrière;
J'ai fait, jusqu'au moment qui me plonge au cercueil,
Gémir l'humanité du poids de mon orgueil.
Le ciel venge la terre : il est juste; et ma vie
Ne peut payer le sang dont ma main s'est rougie.
Le bonheur m'aveugla; la mort m'a détrompé :
Je pardonne à la main par qui Dieu m'a frappé.
J'étais maître en ces lieux; seul j'y commande encore :
Seul je puis faire grâce, et la fais à Zamore.
Vis, superbe ennemi; sois libre, et te souvien
Quel fut et le devoir et la mort d'un chrétien.

(à Montèze qui se jette à ses pieds.)

Montèze, Américains qui fûtes mes victimes,
Songez que ma clémence a surpassé mes crimes.
Instruisez l'Amérique; apprenez a ses rois
Que les chrétiens sont nés pour leur donner des lois.

(à Zamore.)

Des dieux que nous servons connais la différence :
Les tiens t'ont commandé le meurtre et la vengeance;
Et le mien, quand ton bras vient de m'assassiner,
M'ordonne de te plaindre et de te pardonner.

ALVAREZ.

Ah, mon fils! tes vertus égalent ton courage.

ALZIRE.

Quel changement, grand Dieu! quel étonnant langage

ZAMORE.

Quoi! tu veux me forcer moi-même au repentir!

GUSMAN.

Je veux plus, je te veux forcer à me chérir.

Alzire n'a vécu que trop infortunée,
Et par mes cruautés, et par mon hyménée;
Que ma mourante main la remette en tes bras :
Vivez sans me haïr, gouvernez vos états,
Et de vos murs détruits rétablissant la gloire,
De mon nom, s'il se peut, bénissez la mémoire.

(à Alvarez.)

Daignez servir de père à ces époux heureux;
Que du ciel, par vos soins, le jour luise sur eux!
Aux clartés des chrétiens si son ame est ouverte
Zamore est votre fils, et répare ma perte.

ZAMORE.

Je demeure immobile, égaré, confondu.
Quoi donc, les vrais chrétiens auraient tant de vertu!
Ah! la loi qui t'oblige à cet effort suprême,
Je commence à le croire, est la loi d'un Dieu même.
J'ai connu l'amitié, la constance, la foi;
Mais tant de grandeur d'ame est au-dessus de moi;
Tant de vertu m'accable, et son charme m'attire.
Honteux d'être vengé, je t'aime, et je t'admire.

(il se jette à ses pieds.)

ALZIRE.

Seigneur, en rougissant je tombe à vos genoux :
Alzire en ce moment voudrait mourir pour vous.
Entre Zamore et vous mon ame déchirée
Succombe au repentir dont elle est dévorée.
Je me sens trop coupable, et mes tristes erreurs. . .

GUSMAN.

Tout vous est pardonné, puisque je vois vos pleurs.
Pour la dernière fois, approchez-vous, mon père;
Vivez long-temps heureux; qu'Alzire vous soit chère.
Zamore, sois chrétien; je suis content : je meurs.

ALVAREZ, *à Montèze.*

Je vois le doigt de Dieu marqué dans nos malheurs.
Mon cœur désespéré se soumet, s'abandonne
Aux volontés d'un Dieu qui frappe et qui pardonne.

FIN D'ALZIRE.

LETTRE

A M. DE LA ROQUE,

SUR LA TRAGÉDIE DE ZAÏRE. (1732.)

Quoique pour l'ordinaire vous vouliez bien prendre la peine, monsieur, de faire les extraits des pièces nouvelles, cependant vous me privez de cet avantage, et vous voulez que ce soit moi qui parle de Zaïre. Il me semble que je vois M. le Normand ou M. Cochin réduire un de leurs clients à plaider sa cause. L'entreprise est dangereuse; mais je vais mériter au moins la confiance que vous avez en moi par la sincérité avec laquelle je m'expliquerai.

Zaïre est la première pièce de théâtre dans laquelle j'aie osé m'abandonner à toute la sensibilité de mon cœur; c'est la seule tragédie tendre que j'aie faite. Je croyais, dans l'âge même des passions les plus vives, que l'amour n'était point fait pour le théâtre tragique; je ne regardais cette faiblesse que comme un défaut charmant qui avilissait l'art des Sophocle. Les connaisseurs qui se plaisent plus à la douceur élégante de Racine qu'à la force de Corneille, me paraissent ressembler aux curieux qui préfèrent les nudités du Corrège au chaste et noble pinceau de Raphaël.

Le public qui fréquente les spectacles est aujourd'hui plus que jamais dans le goût du Corrège.

il faut de la tendresse et du sentiment ; c'est même ce que les acteurs jouent le mieux. Vous trouverez vingt comédiens qui plairont dans les rôles d'Andronic et d'Hippolyte, et à peine un seul qui réussisse dans ceux de Cinna et d'Horace. Il a donc fallu me plier aux mœurs du temps, et commencer tard à parler d'amour.

J'ai cherché du moins à couvrir cette passion de toute la bienséance possible ; et, pour l'ennoblir, j'ai voulu la mettre à côté de ce que les hommes ont de plus respectable. L'idée me vint de faire contraster dans un même tableau, d'un côté, l'honneur, la naissance, la patrie, la religion ; et de l'autre, l'amour le plus tendre et le plus malheureux ; les mœurs des mahométans et celles des chrétiens ; la cour d'un soudan et celle d'un roi de France ; et de faire paraître pour la première fois des Français sur la scène tragique. Je n'ai pris dans l'histoire que l'époque de la guerre de saint Louis ; tout le reste est entièrement d'invention. L'idée de cette pièce, étant si neuve et si fertile, s'arrangea d'elle-même ; et au lieu que le plan d'Éryphile m'avait beaucoup coûté, celui de Zaïre fut fait en un seul jour ; et l'imagination, échauffée par l'intérêt qui régnait dans ce plan, acheva la pièce en vingt-deux jours.

Il entre peut-être un peu de vanité dans cet aveu (car où est l'artiste sans amour propre ?) mais je devais cette excuse au public des fautes et des négligences qu'on a trouvées dans ma tragédie. Il aurait été mieux sans doute d'attendre à la faire représenter que j'en eusse châtié le style; mais des raisons, dont il est inutile de fatiguer le public, n'ont pas permis qu'on différât. Voici, monsieur, le sujet de cette pièce.

La Palestine avait été enlevée aux princes chrétiens par le conquérant Saladin. Noradin, Tartare d'origine, s'en était ensuite rendu maître. Orosmane, fils de Noradin, jeune homme plein de grandeur, de vertus, et de passions, commençait à régner avec gloire dans Jérusalem. Il avait porté sur le trône de la Syrie la franchise et l'esprit de liberté de ses ancêtres. Il méprisait les règles austères du sérail, et n'affectait point de se rendre invisible aux étrangers et à ses sujets pour devenir plus respectable. Il traitait avec douceur les esclaves chrétiens, dont son sérail et ses états étaient remplis. Parmi ses esclaves il s'était trouvé un enfant, pris autrefois au sac de Césarée, sous le règne de Noradin. Cet enfant, ayant été racheté par des chrétiens à l'âge de neuf ans, avait été amené en France au roi saint Louis, qui avait daigné prendre soin de son éducation et de sa fortune. Il avait pris en France le nom de Nérestan; et, étant retourné en Syrie, il avait été fait prisonnier encore une fois, et avait été enfermé parmi les esclaves d'Orosmane. Il retrouva dans la captivité une jeune personne avec qui il avait été prisonnier dans son enfance lorsque les chrétiens avaient perdu Césarée. Cette jeune personne, à qui on avait donné le nom de Zaïre, ignorait sa naissance, aussi-bien que Nérestan et que tous ces enfants de tribut qui sont enlevés de bonne heure des mains de leurs parents, et qui ne connaissent de famille et de patrie que le sérail. Zaïre savait seulement qu'elle était née chrétienne; Nérestan et quelques autres esclaves, un peu plus âgés qu'elle, l'en assuraient. Elle avait toujours conservé un ornement qui renfermait une croix, seule preuve qu'elle eût de sa religion. Une autre esclave nommée Fatime, née chrétienne, et mise au sérail à l'âge de dix ans, tâchait d'instruire Zaïre du peu qu'elle savait de la religion de ses pères. Le jeune Nérestan, qui avait la liberté de voir Zaïre et Fatime, animé du zèle qu'avaient alors les chevaliers français, touché d'ailleurs pour Zaïre de la plus tendre amitié, la disposait au christianisme. Il se proposa de racheter Zaïre, Fatime, et dix chevaliers chrétiens du bien qu'il avait acquis en France, et de les ramener à la cour de saint Louis. Il eut la hardiesse de demander au soudan Orosmane la permission de retourner en France sur sa seule parole, et le soudan eut la générosité de le permettre. Nérestan partit, et fut deux ans hors de Jérusalem.

Cependant la beauté de Zaïre croissait avec son âge, et la naïveté touchante de son caractère la rendait encore plus aimable que sa beauté. Orosmane la vit, et lui parla. Un cœur comme le sien ne pouvait l'aimer qu'éperdument. Il résolut de de l'Asie, et d'avoir dans Zaïre une amie, une maîtresse, une femme, qui lui tiendrait lieu de tous les plaisirs, et qui partagerait son cœur avec les devoirs d'un prince et d'un guerrier. Les faibles idées du christianisme, tracées à peine dans le cœur de Zaïre, s'évanouirent bientôt à la vue du soudan; elle l'aima autant qu'elle en était aimée, sans que l'ambition se mêlât en rien à la pureté de sa tendresse.

Nérestan ne revenait point de France. Zaïre ne voyait qu'Orosmane et son amour; elle était prête d'épouser le sultan, lorsque le jeune Français arriva. Orosmane le fait entrer en présence même de Zaïre. Nérestan apportait avec la rançon de Zaïre et de Fatime, celle de dix chevaliers qu'il devait choisir. J'ai satisfait à mes serments, dit-il au soudan; c'est à toi de tenir ta promesse, de me remettre Zaïre, Fatime, et les dix chevaliers: mais apprends que j'ai épuisé ma fortune à payer leur rançon: « Une pauvreté noble est tout ce qui me reste »; je viens me remettre dans tes fers. Le soudan, satisfait du grand courage de ce chrétien, et né pour être plus généreux encore, lui rendit toutes les rançons qu'il apportait, lui donna cent chevaliers au lieu de dix, et le combla de présents; mais il lui fit entendre que Zaïre n'était pas faite pour être rachetée, et qu'elle était d'un prix au-dessus de toutes rançons. Il refusa aussi de lui rendre, parmi les chevaliers qu'il délivrait, un prince de Lusignan, fait esclave depuis long-temps dans Césarée.

Ce Lusignan, le dernier de la branche des rois de Jérusalem, était un vieillard respecté dans l'orient, l'amour de tous les chrétiens, et dont le nom seul pouvait être dangereux aux Sarrasins. C'était lui principalement que Nérestan avait voulu racheter; il parut devant Orosmane accablé du refus qu'on lui faisait de Lusignan et de Zaïre. Le soudan remarqua ce trouble; il sentit dès ce moment un commencement de jalousie, que la générosité de son caractère lui fit étouffer : cependant il ordonna que les cent chevaliers fussent prêts à partir le lendemain avec Nérestan.

Zaïre, sur le point d'être sultane, voulut donner au moins à Nérestan une preuve de sa reconnaissance; elle se jette aux pieds d'Orosmane pour obtenir la liberté du vieux Lusignan. Orosmane ne pouvait rien refuser à Zaïre, on alla tirer Lusignan des fers. Les chrétiens délivrés étaient avec Nérestan dans les appartements extérieurs du sérail; ils pleuraient la destinée de Lusignan : surtout le chevalier de Chatillon, ami tendre de ce malheureux prince, ne pouvait se résoudre à accepter une liberté qu'on refusait à son ami et à son maître, lorsque Zaïre arrive, et leur amène celui qu'ils n'espéraient plus.

Lusignan, ébloui de la lumière qu'il revoyait après vingt années de prison, pouvant se soutenir à peine, ne sachant où il est et où on le conduit, voyant enfin qu'il était avec des Français, et reconnaissant Chatillon, s'abandonne à cette joie mêlée d'amertume que les malheureux éprouvent dans leur consolation. Il demande à qui il doit sa délivrance; Zaïre prend la parole en lui présentant Nérestan : C'est à ce jeune Français, dit-elle, que vous et tous les chrétiens devez votre liberté. Alors le vieillard apprend que Nérestan a été élevé dans le sérail avec Zaïre; et se tournant vers eux: Hélas! dit-il, puisque vous avez pitié de mes malheurs, achevez votre ouvrage; instruisez-moi du sort de mes enfants. Deux me furent enlevés au berceau, lorsque je fus pris dans Césarée; deux autres furent massacrés devant moi avec leur mère. O mes fils! ô martyrs! veillez du haut du ciel sur mes autres enfants, s'ils sont vivants encore. Hélas! j'ai su que mon dernier fils et ma fille furent conduits dans ce sérail. Vous qui m'écoutez, Nérestan, Zaïre, Chatillon, n'avez-vous nulle connaissance de ces tristes restes du sang de Godefroi et de Lusignan?

Au milieu de ces questions, qui déja remuaient le cœur de Nérestan et de Zaïre, Lusignan aperçut au bras de Zaïre un ornement qui renfermait une croix : il se ressouvint que l'on avait mis cette parure à sa fille, lorsqu'on la portait au baptême : Chatillon l'en avait ornée lui-même, et Zaïre avait été arrachée de ses bras avant que d'être baptisée. La ressemblance des traits, l'âge, toutes les circonstances, une cicatrice de la blessure que son jeune fils avait reçue, tout confirme à Lusignan qu'il est père encore; et la nature parlant à la fois au cœur de tous les trois, et s'expliquant par des larmes : Embrassez-moi, mes chers enfants, s'écria Lusignan, et revoyez votre père. Zaïre et Nérestan ne pouvaient s'arracher de ses bras. Mais hélas! dit ce vieillard infortuné, goûterai-je une joie pure? Grand Dieu, qui me rends ma fille, me la rends-tu chrétienne? Zaïre rougit et frémit à ces paroles. Lusignan vit sa honte et son malheur, et Zaïre avoua qu'elle était musulmane. La douleur, la religion, et la nature, donnèrent en ce moment des forces à Lusignan; il embrassa sa fille, et lui montrant d'une main le tombeau de Jésus-Christ, et le ciel de l'autre, animé de son désespoir, de son zèle, aidé de tant de chrétiens, de son fils, et du Dieu qui l'inspire, il touche sa fille, il l'ébranle; elle se jette à ses pieds et lui promet d'être chrétienne.

Au moment arrive un officier du sérail, qui sépare Zaïre de son père et de son frère, et qui arrête tous les chevaliers français. Cette rigueur inopinée était le fruit d'un conseil qu'on venait de tenir en présence d'Orosmane. La flotte de saint Louis était partie de Chypre, et on craignait pour les côtes de Syrie; mais un second courrier ayant apporté la nouvelle du départ de saint Louis pour l'Egypte, Orosmane fut rassuré; il était lui-même ennemi du soudan d'Egypte. Ainsi, n'ayant rien à craindre ni du roi ni des Français qui étaient à Jérusalem, il commanda qu'on les renvoyât à leur roi, et ne songea plus qu'à réparer, par la pompe et la magnificence de son mariage, la rigueur dont il avait usé envers Zaïre.

Pendant que le mariage se préparait, Zaïre désolée demanda au soudan la permission de revoir Nérestan encore une fois. Orosmane, trop heureux de trouver une occasion de plaire à Zaïre, eut l'indulgence de permettre cette entrevue. Nérestan revit donc Zaïre; mais ce fut pour lui apprendre que son père était près d'expirer; qu'il mourait entre la joie d'avoir retrouvé ses enfants, et l'amertume d'ignorer si Zaïre serait chrétienne; et qu'il lui ordonnait en mourant d'être baptisée ce jour-là même de la main du pontife de Jérusalem. Zaïre attendrie et vaincue promit tout, et jura à son frère qu'elle ne trahirait point le sang dont elle était née, qu'elle serait chrétienne, qu'elle n'épouserait point Orosmane, qu'elle ne prendrait aucun parti avant que d'avoir été baptisée.

A peine avait-elle prononcé ce serment, qu'Orosmane, plus amoureux et plus aimé que jamais, vient la prendre pour la conduire à la mosquée. Jamais on n'eut le cœur plus déchiré que Zaïre; elle était partagée entre son Dieu, sa famille, et son nom, qui la retenaient, et le plus aimable de tous les hommes, qui l'adorait. Elle ne se connut plus; elle céda à la douleur, et s'échappa des mains de son amant, le quittant avec désespoir, et le laissant dans l'accablement de la surprise, de la douleur et de la colère.

Les impressions de jalousie se réveillèrent dans le cœur d'Orosmane : l'orgueil les empêcha de paraître, et l'amour les adoucit. Il prit la fuite de Zaïre pour un caprice, pour un artifice innocent, pour la crainte naturelle à une jeune fille, pou tout autre chose enfin que pour une trahison. Il vit encore Zaïre, lui pardonna, et l'aima plus que jamais. L'amour de Zaïre augmentait par la tendresse indulgente de son amant. Elle se jette en larmes à ses genoux, le supplie de différer le mariage jusqu'au lendemain. Elle comptait que son frère serait alors parti, qu'elle aurait reçu le baptême, que Dieu lui donnerait la force de résister : elle se flattait même quelquefois que la religion chrétienne lui permettrait d'aimer un homme si tendre, si généreux, si vertueux, à qui il ne manquait que d'être chrétien. Frappee de toutes ces idées, elle parlait à Orosmane avec une tendresse si naïve et une douleur si vraie, qu'Orosmane céda encore, et lui accorda le sacrifice de vivre sans elle ce jour-là. Il était sûr d'être aimé; il était heureux dans cette idée, et fermait les yeux sur le reste.

Cependant, dans les premiers mouvements de jalousie, il avait ordonné que le sérail fût fermé à tous les chrétiens. Nérestan, trouvant le sérail fermé, et n'en soupçonnant pas la cause, écrivit une lettre pressante à Zaïre; il lui mandait d'ouvrir une porte secrète qui conduisait vers la mosquée, et lui recommandait d'être fidèle.

La lettre tomba entre les mains d'un garde, qui la porta à Orosmane. Le soudan en crut à peine ses yeux. Il se vit trahi; il ne douta pas de son malheur et du crime de Zaïre. Avoir comblé un étranger, un captif, de bienfaits; avoir donné son cœur, sa couronne, à une fille esclave; lui avoir tout sacrifié, ne vivre que pour elle, et en être trahi pour ce captif même; être trompé par les apparences du plus tendre amour; éprouver en un moment ce que l'amour a de plus violent, ce que l'ingratitude a de plus noir, ce que la perfidie a de plus traître : c'était sans doute un état horrible; mais Orosmane aimait, et il souhaitait de trouver Zaïre innocente. Il lui fait rendre ce billet par un esclave inconnu; il se flatte que Zaïre pouvait ne point écouter Nérestan : Nérestan seul lui paraissait coupable. Il ordonne qu'on l'arrête et qu'on l'enchaîne, et il va à l'heure et à la place du rendez-vous attendre l'effet de la lettre.

La lettre est rendue à Zaïre : elle la lit en tremblant, et, après avoir long-temps hésité, elle dit enfin à l'esclave qu'elle attendra Nérestan, et donne ordre qu'on l'introduise. L'esclave rend compte de tout à Orosmane.

Le malheureux soudan tombe dans l'excès d'une douleur mêlée de fureur et de larmes. Il tire son poignard, et il pleure. Zaïre vient au rendez-vous dans l'obscurité de la nuit : Orosmane entend sa voix, et son poignard lui échappe; elle approche, elle appelle Nérestan, et à ce nom Orosmane la poignarde.

Dans l'instant on lui amène Nérestan enchaîné, avec Fatime complice de Zaïre. Orosmane hors de lui s'adresse à Nérestan, en le nommant son rival : C'est toi qui m'arraches Zaïre, dit-il, regarde-la avant que de mourir; que ton supplice commence avec le sien; regarde-la, te dis-je. Nérestan approche de ce corps expirant : Ah! que vois-je ! ah, ma sœur! barbare, qu'as-tu fait?... A ce mot de sœur, Orosmane est comme un homme qui revient d'un songe funeste; il connaît son erreur; il voit ce qu'il a perdu; il est trop abîmé dans l'horreur de son état pour se plaindre. Nérestan et Fatime lui parlent, mais de tout ce qu'ils disent il n'entend autre chose sinon qu'il était aimé. Il prononce le nom de Zaïre, il court à elle; on l'arrête, il retombe dans l'engourdissement de son désespoir. Qu'ordonnes-tu de moi? lui dit Nérestan. Le soudan, après un long silence, fait ôter les fers à Nérestan, le comble de largesses, lui et tous les chrétiens, et se tue auprès de Zaïre.

Voilà, monsieur, le plan exact de la conduite de cette tragédie que j'expose avec toutes ses fautes. Je suis bien loin de m'enorgueillir du succès passager de quelques représentations. Qui ne connaît l'illusion du théâtre? qui ne sait qu'une situation intéressante, mais triviale, une nouveauté brillante et hasardée, la seule voix d'une actrice, suffisent pour tromper quelque temps le public? Quelle distance immense entre un ouvrage souffert au théâtre et un bon ouvrage! j'en sens malheureusement toute la différence. Je vois combien il est difficile de réussir au gré des connaisseurs. Je ne suis pas plus indulgent qu'eux pour moi-même; et si j'ose travailler, c'est que mon goût extrême pour cet art l'emporte encore sur la connaissance que j'ai de mon peu de talent.

ZAÏRE,

TRAGÉDIE,

Représentée, pour la première fois, le 13 auguste 1732.

PERSONNAGES.

OROSMANE, soudan de Jérusalem.

LUSIGNAN, prince du sang des rois de Jérusalem.

ZAIRE, FATIME,	esclaves du soudan
NÉRESTAN, CHATILLON,	chevaliers français.
CORASMIN, MÉLÉDOR,	officiers du soudan.

UN ESCLAVE.

SUITE.

La scène est au sérail de Jérusalem.

ZAÏRE
TRAGÉDIE.

ACTE PREMIER.

SCÈNE I.

ZAIRE, FATIME.

FATIME.

Je ne m'attendais pas, jeune et belle Zaire,
Aux nouveaux sentiments que ce lieu vous inspire.
Quel espoir si flatteur, ou quels heureux destins
De vos jours ténébreux ont fait des jours sereins?
La paix de votre cœur augmente avec vos charmes.
Cet éclat de vos yeux n'est plus terni de larmes.
Vous ne les tournez plus vers ces heureux climats
Où ce brave Français devait guider nos pas!
Vous ne me parlez plus de ces belles contrées
Où d'un peuple poli les femmes adorées
Reçoivent cet encens que l'on doit à vos yeux.
Compagnes d'un époux et reines en tous lieux,
Libres sans déshonneur, et sages sans contrainte
Et ne devant jamais leurs vertus à la crainte!
Ne soupirez-vous plus pour cette liberté?
Le sérail d'un soudan, sa triste austérité,
Ce nom d'esclave enfin, n'ont-ils rien qui vous gêne?
Préférez-vous Solyme aux rives de la Seine?

ZAÏRE.

On ne peut desirer ce qu'on ne connaît pas.
Sur les bords du Jourdain le ciel fixa nos pas.
Au sérail des soudans dès l'enfance enfermée,
Chaque jour ma raison s'y voit accoutumée.
Le reste de la terre anéanti pour moi
M'abandonne au soudan qui nous tient sous sa loi;
Je ne connais que lui, sa gloire, sa puissance;
Vivre sous Orosmane est ma seule espérance;
Le reste est un vain songe.

FATIME.

Avez-vous oublié
Ce généreux Français dont la tendre amitié
Nous promit si souvent de rompre notre chaîne?
Combien nous admirions son audace hautaine!
Quelle gloire il acquit dans ces tristes combats
Perdus par les chrétiens sous les murs de Damas
Orosmane vainqueur, admirant son courage,
Le laissa sur sa foi partir de ce rivage.
Nous l'attendons encor; sa générosité
Devait payer le prix de notre liberté.
N'en aurions-nous conçu qu'une vaine espérance?

ZAÏRE.

Peut-être sa promesse a passé sa puissance;
Depuis plus de deux ans il n'est point revenu.
Un étranger, Fatime, un captif inconnu,
Promet beaucoup, tient peu, permet à son courage
Des serments indiscrets pour sortir d'esclavage.
Il devait délivrer dix chevaliers chrétiens,
Venir rompre leurs fers, ou reprendre les siens:
J'admirai trop en lui cet inutile zèle;
Il n'y faut plus penser.

FATIME.

Mais s'il était fidèle,
S'il revenait enfin dégager ses serments,
Ne voudriez-vous pas....?

ZAÏRE.

Fatime, il n'est plus temps;
Tout est changé....

FATIME.

Comment? que prétendez-vous dire?

ZAÏRE.

Va, c'est trop te celer le destin de Zaïre;
Le secret du soudan doit encor se cacher;
Mais mon cœur dans le tien se plaît à s'épancher.
Depuis près de trois mois qu'avec d'autres captives
On te fit du Jourdain abandonner les rives,
Le ciel, pour terminer les malheurs de nos jours,
D'une main plus puissante a choisi le secours.
Ce superbe Orosmane....

FATIME.

Eh bien?

ZAÏRE.

Ce soudan même,
Ce vainqueur des chrétiens... chère Fatime... il m'aime.
Tu rougis... je t'entends... garde-toi de penser
Qu'à briguer ses soupirs je puisse m'abaisser,
Que d'un maître absolu la superbe tendresse
M'offre l'honneur honteux du rang de sa maîtresse,
Et que j'essuie enfin l'outrage et le danger
Du malheureux éclat d'un amour passager;
Cette fierté qu'en nous soutient la modestie,
Dans mon cœur à ce point ne s'est pas démentie;
Plutôt que jusque-là j'abaisse mon orgueil,

ZAÏRE.

Je verrais sans pâlir les fers et le cercueil.
Je m'en vais t'étonner; son superbe courage
A mes faibles appas présente un pur hommage;
Parmi tous ces objets à lui plaire empressés,
J'ai fixé ses regards à moi seule adressés;
Et l'hymen, confondant leurs intrigues fatales,
Me soumettra bientôt son cœur et mes rivales.

FATIME.

Vos appas, vos vertus sont dignes de ce prix;
Mon cœur en est flatté plus qu'il n'en est surpris.
Que vos félicités, s'il se peut, soient parfaites!
Je me vois avec joie au rang de vos sujettes.

ZAÏRE.

Sois toujours mon égale, et goûte mon bonheur;
Avec toi partagé, je sens mieux sa douceur.

FATIME.

Hélas! puisse le ciel souffrir cet hyménée!
Puisse cette grandeur qui vous est destinée,
Qu'on nomme si souvent du faux nom de bonheur,
Ne point laisser de trouble au fond de votre cœur!
N'est-il point en secret de frein qui vous retienne?
Ne vous souvient-il plus que vous fûtes chrétienne?

ZAÏRE.

Ah! que dis-tu? pourquoi rappeler mes ennuis?
Chère Fatime, hélas! sais-je ce que je suis?
Le ciel m'a-t-il jamais permis de me connaître?
Ne m'a-t-il pas caché le sang qui m'a fait naître?

FATIME.

Nérestan, qui naquit non loin de ce séjour,
Vous dit que d'un chrétien vous reçûtes le jour;
Que dis-je? cette croix qui sur vous fut trouvée,
Parure de l'enfance, avec soin conservée,

Ce signe des chrétiens, que l'art dérobe aux yeux
Sous le brillant éclat d'un travail précieux,
Cette croix, dont cent fois mes soins vous ont parée
Peut-être entre vos mains est-elle demeurée
Comme un gage secret de la fidélité
Que vous deviez au dieu que vous avez quitté.

ZAÏRE.

Je n'ai point d'autre preuve; et mon cœur, qui s'ignore,
Peut-il admettre un dieu que mon amant abhorre?
La coutume, la loi plia mes premiers ans
A la religion des heureux musulmans:
Je le vois trop; les soins qu'on prend de notre enfance
Forment nos sentiments, nos mœurs, notre croyance.
J'eusse été près du Gange esclave des faux dieux,
Chrétienne dans Paris, musulmane en ces lieux.
L'instruction fait tout; et la main de nos pères
Grave en nos faibles cœurs ces premiers caractères
Que l'exemple et le temps nous viennent retracer
Et que peut-être en nous Dieu seul peut effacer.
Prisonnière en ces lieux, tu n'y fus renfermée
Que lorsque ta raison, par l'âge confirmée,
Pour éclairer ta foi te prêtait son flambeau:
Pour moi, des Sarrasins esclave en mon berceau,
La foi de nos chrétiens me fut trop tard connue.
Contre elle cependant, loin d'être prévenue,
Cette croix, je l'avoue, a souvent malgré moi
Saisi mon cœur surpris de respect et d'effroi;
J'osais l'invoquer même avant qu'en ma pensée
D'Orosmane en secret l'image fût tracée.
J'honore, je chéris ces charitables lois
Dont ici Nérestan me parla tant de fois,
Ces lois qui, de la terre écartant les misères,

Des humains attendris font un peuple de frères;
Obligés de s'aimer, sans doute ils sont heureux.

FATIME.

Pourquoi donc aujourd'hui vous déclarer contre eux?
A la loi musulmane à jamais asservie,
Vous allez des chrétiens devenir l'ennemie;
Vous allez épouser leur superbe vainqueur.

ZAÏRE.

Qui lui refuserait le présent de son cœur?
De toute ma faiblesse il faut que je convienne;
Peut-être sans l'amour j'aurais été chrétienne;
Peut-être qu'à ta loi j'aurais sacrifié:
Mais Orosmane m'aime, et j'ai tout oublié;
Je ne vois qu'Orosmane, et mon âme enivrée
Se remplit du bonheur de s'en voir adorée.
Mets-toi devant les yeux sa grâce, ses exploits;
Songe à ce bras puissant, vainqueur de tant de rois;
A cet aimable front que la gloire environne:
Je ne te parle point du sceptre qu'il me donne;
Non, la reconnaissance est un faible retour,
Un tribut offensant, trop peu fait pour l'amour.
Mon cœur aime Orosmane, et non son diadème;
Chère Fatime, en lui je n'aime que lui-même.
Peut-être j'en crois trop un penchant si flatteur.
Mais si le ciel, sur lui déployant sa rigueur,
Aux fers que j'ai portés eût condamné sa vie,
Si le ciel sous mes lois eût rangé la Syrie,
Ou mon amour me trompe, ou Zaïre aujourd'hui
Pour l'élever à soi descendrait jusqu'à lui.

FATIME.

On marche vers ces lieux; sans doute c'est lui-même.

ZAÏRE.

Mon cœur, qui le prévient, m'annonce ce que j'aime.
Depuis deux jours, Fatime, absent de ce palais,
Enfin son tendre amour le rend à mes souhaits.

SCÈNE II.

OROSMANE, ZAIRE, FATIME.

OROSMANE.

Vertueuse Zaïre, avant que l'hyménée
Joigne à jamais nos cœurs et notre destinée,
J'ai cru, sur mes projets, sur vous, sur mon amour,
Devoir en musulman vous parler sans détour.
Les soudans qu'à genoux cet univers contemple,
Leurs usages, leurs droits, ne sont point mon exemple
Je sais que notre loi, favorable aux plaisirs,
Ouvre un champ sans limite à nos vastes désirs;
Que je puis, à mon gré prodiguant mes tendresses,
Recevoir à mes pieds l'encens de mes maîtresses,
Et tranquille au sérail, dictant mes volontés,
Gouverner mon pays du sein des voluptés.
Mais la mollesse est douce, et sa suite est cruelle;
Je vois autour de moi cent rois vaincus par elle;
Je vois de Mahomet ces lâches successeurs,
Ces califes tremblants dans leurs tristes grandeurs,
Couchés sur les débris de l'autel et du trône,
Sous un nom sans pouvoir languir dans Babylone,
Eux qui seraient encore, ainsi que leurs aïeux,
Maîtres du monde entier, s'ils l'avaient été d'eux.
Bouillon leur arracha Solyme et la Syrie;
Mais bientôt, pour punir une secte ennemie,
Dieu suscita le bras du puissant Saladin;

Mon père, après sa mort, asservit le Jourdain;
Et moi, faible héritier de sa grandeur nouvelle,
Maître encore incertain d'un état qui chancelle,
Je vois ces fiers chrétiens, de rapine altérés,
Des bords de l'Occident vers nos bords attirés;
Et lorsque la trompette, et la voix de la guerre,
Du Nil au Pont-Euxin font retentir la terre,
Je n'irai point, en proie à de lâches amours,
Aux langueurs d'un sérail abandonner mes jours.
J'atteste ici la gloire, et Zaïre, et ma flamme,
De ne choisir que vous pour maîtresse et pour femme,
De vivre votre ami, votre amant, votre époux,
De partager mon cœur entre la guerre et vous.
Ne croyez pas non plus que mon honneur confie
La vertu d'une épouse à ces monstres d'Asie,
Du sérail des soudans gardes injurieux,
Et des plaisirs d'un maître esclaves odieux :
Je sais vous estimer autant que je vous aime,
Et sur votre vertu me fier à vous-même.
Après un tel aveu, vous connaissez mon cœur;
Vous sentez qu'en vous seule il a mis son bonheur;
Vous comprenez assez quelle amertume affreuse
Corromprait de mes jours la durée odieuse,
Si vous ne receviez les dons que je vous fais
Qu'avec ces sentiments que l'on doit aux bienfaits
Je vous aime, Zaïre, et j'attends de votre ame
Un amour qui réponde à ma brûlante flamme.
Je l'avouerai, mon cœur ne veut rien qu'ardemment;
Je me croirais haï, d'être aimé faiblement;
De tous mes sentiments tel est le caractère.
Je veux avec excès vous aimer et vous plaire.
Si d'un égal amour votre cœur est épris,

Je viens vous épouser, mais c'est à ce seul prix;
Et du nœud de l'hymen l'étreinte dangereuse
Me rend infortuné, s'il ne vous rend heureuse.

ZAÏRE.

Vous, seigneur, malheureux! Ah! si votre grand cœur
A sur mes sentiments pu fonder son bonheur,
S'il dépend en effet de mes flammes secrètes,
Quel mortel fut jamais plus heureux que vous l'êtes!
Ces noms chers et sacrés, et d'amant, et d'époux,
Ces noms nous sont communs; et j'ai par-dessus vous
Ce plaisir, si flatteur à ma tendresse extrême,
De tenir tout, seigneur, du bienfaiteur que j'aime;
De voir que ses bontés font seules mes destins;
D'être l'ouvrage heureux de ses augustes mains;
De révérer, d'aimer un héros que j'admire.
Oui, si parmi les cœurs soumis à votre empire
Ses yeux ont discerné les hommages du mien,
Si votre auguste choix...

SCÈNE III.

OROSMANE, ZAIRE, FATIME, CORASMIN.

CORASMIN.

Cet esclave chrétien
Qui sur sa foi, seigneur, a passé dans la France,
Revient au moment même, et demande audience.

FATIME

O ciel!

OROSMANE.

Il peut entrer. Pourquoi ne vient-il pas?

CORASMIN.

Dans la première enceinte il arrête ses pas;

Seigneur, je n'ai pas cru qu'aux regards de son maître
Dans ces augustes lieux un chrétien pût paraître.

OROSMANE.

Qu'il paraisse. En tous lieux, sans manquer de respect,
Chacun peut désormais jouir de mon aspect;
Je vois avec mépris ces maximes terribles,
Qui font de tant de rois des tyrans invisibles.

SCÈNE IV.

OROSMANE, ZAIRE, FATIME, CORASMIN, NÉRESTAN.

NÉRESTAN.

Respectable ennemi qu'estiment les chrétiens,
Je reviens dégager mes serments et les tiens :
J'ai satisfait à tout; c'est à toi d'y souscrire :
Je te fais apporter la rançon de Zaïre,
Et celle de Fatime, et de dix chevaliers
Dans les murs de Solyme illustres prisonniers :
Leur liberté, par moi trop long-temps retardée,
Quand je reparaîtrais leur dut être accordée;
Sultan, tiens ta parole; ils ne sont plus à toi,
Et dès ce moment même ils sont libres par moi.
Mais, grâces à mes soins quand leur chaîne est brisée,
A t'en payer le prix ma fortune épuisée,
Je ne le cèle pas, m'ôte l'espoir heureux
De faire ici pour moi ce que je fais pour eux;
Une pauvreté noble est tout ce qui me reste :
J'arrache des chrétiens à leur prison funeste;
Je remplis mes serments, mon honneur, mon devoir,
Il me suffit : je viens me mettre en ton pouvoir;
Je me rends prisonnier, et demeure en otage.

OROSMANE.

Chrétien, je suis content de ton noble courage;
Mais ton orgueil ici se serait-il flatté
D'effacer Orosmane en générosité?
Reprends ta liberté, remporte tes richesses,
A l'or de ces rançons joins mes justes largesses;
Au lieu de dix chrétiens que je dûs t'accorder,
Je t'en veux donner cent; tu les peux demander:
Qu'ils aillent sur tes pas apprendre à ta patrie
Qu'il est quelques vertus au fond de la Syrie;
Qu'ils jugent en partant qui méritait le mieux
Des Français ou de moi l'empire de ces lieux.
Mais, parmi ces chrétiens que ma bonté délivre,
Lusignan ne fut point réservé pour te suivre;
De ceux qu'on peut te rendre il est seul excepté;
Son nom serait suspect à mon autorité;
Il est du sang français qui régnait à Solyme;
On sait son droit au trône, et ce droit est un crime:
Du destin qui fait tout tel est l'arrêt cruel:
Si j'eusse été vaincu, je serais criminel.
Lusignan dans les fers finira sa carrière,
Et jamais du soleil ne verra la lumière.
Je le plains, mais pardonne à la nécessité
Ce reste de vengeance et de sévérité.
Pour Zaïre, crois-moi, sans que ton cœur s'offense,
Elle n'est pas d'un prix qui soit en ta puissance;
Tes chevaliers français et tous leurs souverains
S'uniraient vainement pour l'ôter de mes mains.
Tu peux partir.

NÉRESTAN.

Qu'entends-je? Elle naquit chrétienne;
J'ai pour la délivrer ta parole et la sienne;

ZAÏRE.

Et quant à Lusignan, ce vieillard malheureux,
Pourrait-il...?

OROSMANE.

Je t'ai dit, chrétien, que je le veux.
J'honore ta vertu ; mais cette humeur altière,
Se faisant estimer, commence à me déplaire :
Sors, et que le soleil levé sur mes états
Demain près du Jourdain ne te retrouve pas.

(Nérestan sort.)

FATIME.

O Dieu, secourez-nous !

OROSMANE.

Et vous, allez, Zaïre,
Prenez dans le sérail un souverain empire ;
Commandez en sultane ; et je vais ordonner
La pompe d'un hymen qui vous doit couronner.

SCÈNE V.

OROSMANE, CORASMIN.

OROSMANE.

Corasmin, que veut donc cet esclave infidèle ?
Il soupirait... ses yeux se sont tournés vers elle,
Les as-tu remarqués ?

CORASMIN.

Que dites-vous, seigneur ?
De ce soupçon jaloux écoutez-vous l'erreur ?

OROSMANE.

Moi, jaloux ! qu'à ce point ma fierté s'avilisse !
Que j'éprouve l'horreur de ce honteux supplice
Moi ! que je puisse aimer comme l'on sait haïr !
Quiconque est soupçonneux invite à le trahir.

Je vois à l'amour seul ma maîtresse asservie;
Cher Corasmin, je l'aime avec idolâtrie :
Mon amour est plus fort, plus grand que mes bienfaits.
Je ne suis point jaloux... si je l'étais jamais...
Si mon cœur... Ah ! chassons cette importune idée :
D'un plaisir pur et doux mon ame est possédée.
Va, fais tout préparer pour ces moments heureux
Qui vont joindre ma vie à l'objet de mes vœux.
Je vais donner une heure aux soins de mon empire,
Et le reste du jour sera tout à Zaïre.

FIN DU PREMIER ACTE.

ACTE SECOND.

SCÈNE I.

NÉRESTAN, CHATILLON.

CHATILLON.

O brave Nérestan, chevalier généreux,
Vous qui brisez les fers de tant de malheureux,
Vous, sauveur des chrétiens qu'un Dieu sauveur envoie,
Paraissez, montrez-vous, goûtez la douce joie
De voir nos compagnons, pleurant à vos genoux,
Baiser l'heureuse main qui nous délivre tous.
Aux portes du sérail en foule ils vous demandent;
Ne privez point leurs yeux du héros qu'ils attendent,
Et qu'unis à jamais sous notre bienfaiteur....

NÉRESTAN.

Illustre Chatillon, modérez cet honneur;
J'ai rempli d'un Français le devoir ordinaire,
J'ai fait ce qu'à ma place on vous aurait vu faire.

CHATILLON.

Sans doute, et tout chrétien, tout digne chevalier
Pour sa religion se doit sacrifier;
Et la félicité des cœurs tels que les nôtres
Consiste à tout quitter pour le bonheur des autres.
Heureux à qui le ciel a donné le pouvoir
De remplir comme vous un si noble devoir!
Pour nous, tristes jouets du sort qui nous opprime,
Nous, malheureux Français, esclaves dans Solyme,

Oubliés dans les fers, où, long-temps sans secours,
Le père d'Orosmane abandonna nos jours;
Jamais nos yeux sans vous ne reverraient la France.

NÉRESTAN.

Dieu s'est servi de moi, seigneur; sa providence
De ce jeune Orosmane a fléchi la rigueur.
Mais quel triste mélange altère ce bonheur!
Que de ce fier soudan la clemence odieuse
Répand sur ses bienfaits une amertume affreuse!
Dieu me voit et m'entend; il sait si dans mon cœur
J'avais d'autres projets que ceux de sa grandeur.
Je faisais tout pour lui; j'espérais de lui rendre
Une jeune beauté qu'à l'âge le plus tendre
Le cruel Noradin fit esclave avec moi,
Lorsque les ennemis de notre auguste foi,
Baignant de notre sang la Syrie enivrée,
Surprirent Lusignan vaincu dans Césarée.
Du sérail des sultans sauvé par des chrétiens,
Remis depuis trois ans dans mes premiers liens,
Renvoyé dans Paris sur ma seule parole,
Seigneur, je me flattais, espérance frivole!
De ramener Zaïre à cette heureuse cour
Où Louis des vertus a fixé le séjour:
Déja même la reine, à mon zèle propice,
Lui tendait de son trône une main protectrice.
Enfin, lorsqu'elle touche au moment souhaité
Qui la tirait du sein de la captivité,
On la retient.... Que dis-je?.... Ah! Zaïre elle-même
Oubliant les chrétiens pour ce soudan qui l'aime....
N'y pensons plus.... Seigneur, un refus plus cruel
Vient m'accabler encor d'un déplaisir mortel:
Des chrétiens malheureux l'espérance est trahie.

CHATILLON.

Je vous offre pour eux ma liberté, ma vie;
Disposez-en, seigneur, elle vous appartient.

NÉRESTAN.

Seigneur, ce Lusignan qu'à Solyme on retient,
Ce dernier d'une race en héros si féconde,
Ce guerrier dont la gloire avait rempli le monde,
Ce héros malheureux, de Bouillon descendu,
Aux soupirs des chrétiens ne sera point rendu.

CHATILLON.

Seigneur, s'il est ainsi, votre faveur est vaine:
Quel indigne soldat voudrait briser sa chaîne
Alors que dans les fers son chef est retenu?
Lusignan comme à moi ne vous est pas connu.
Seigneur, remerciez le ciel dont la clémence
A pour votre bonheur placé votre naissance
Long-temps après ces jours à jamais détestés,
Après ces jours de sang et de calamités
Où je vis sous le joug de nos barbares maîtres
Tomber ces murs sacrés conquis par nos ancêtres.
Ciel! si vous aviez vu ce temple abandonné,
Du Dieu que nous servons le tombeau profané,
Nos pères, nos enfants, nos filles et nos femmes,
Au pied de nos autels expirant dans les flammes,
Et notre dernier roi, courbé du faix des ans,
Massacré sans pitié sur ses fils expirants!
Lusignan, le dernier de cette auguste race,
Dans ces moments affreux ranimant notre audace,
Au milieu des débris des temples renversés,
Des vainqueurs, des vaincus, et des morts entassés
Terrible, et d'une main reprenant cette épée
Dans le sang infidèle à tout moment trempée,

Et de l'autre à nos yeux montrant avec fierté
De notre sainte foi le signe redouté,
Criant à haute voix : Français, soyez fidèles....
Sans doute, en ce moment, le couvrant de ses ailes,
La vertu du Très-Haut, qui nous sauve aujourd'hui,
Applanissait sa route et marchait devant lui;
Et des tristes chrétiens la foule délivrée
Vint porter avec nous ses pas dans Césarée :
Là, par nos chevaliers, d'une commune voix,
Lusignan fut choisi pour nous donner des lois.
O mon cher Nérestan, Dieu, qui nous humilie,
N'a pas voulu sans doute, en cette courte vie,
Nous accorder le prix qu'il doit à la vertu;
Vainement pour son nom nous avons combattu.
Ressouvenir affreux, dont l'horreur me dévore!
Jérusalem en cendre, hélas! fumait encore,
Lorsque dans notre asile attaqués et trahis,
Et livrés par un Grec à nos fiers ennemis,
La flamme dont brûla Sion désespérée
S'étendit en fureur aux murs de Césarée :
Ce fut là le dernier de trente ans de revers;
Là je vis Lusignan chargé d'indignes fers :
Insensible à sa chute, et grand dans ses misères,
Il n'était attendri que des maux de ses frères.
Seigneur, depuis ce temps, ce père des chrétiens,
Resserré loin de nous, blanchi dans ses liens,
Gémit dans un cachot, privé de la lumière,
Oublié de l'Asie et de l'Europe entière;
Tel est son sort affreux : qui pourrait aujourd'hui,
Quand il souffre pour nous, se voir heureux sans lui?

NÉRESTAN.

Ce bonheur, il est vrai, serait d'un cœur barbare.

Que je hais le destin qui de lui nous sépare !
Que vers lui vos discours m'ont sans peine entraîné!
Je connais ses malheurs, avec eux je suis né;
Sans un trouble nouveau je n'ai pu les entendre;
Votre prison, la sienne, et Césarée en cendre,
Sont les premiers objets, sont les premiers revers
Qui frappèrent mes yeux à peine encore ouverts.
Je sortais du berceau; ces images sanglantes
Dans vos tristes récits me sont encor présentes.
Au milieu des chrétiens dans un temple immolés,
Quelques enfants, seigneur, avec moi rassemblés,
Arrachés par des mains de carnage fumantes
Aux bras ensanglantés de nos mères tremblantes,
Nous fûmes transportés dans ce palais des rois,
Dans ce même sérail, seigneur, où je vous vois
Noradin m'éleva près de cette Zaïre,
Qui depuis.... pardonnez si mon cœur en soupire,
Qui depuis, égarée en ce funeste lieu,
Pour un maître barbare abandonna son Dieu.

CHATILLON.

Telle est des musulmans la funeste prudence;
De leurs chrétiens captifs ils séduisent l'enfance:
Et je bénis le ciel, propice à nos desseins,
Qui dans vos premiers ans vous sauva de leurs mains.
Mais, seigneur, après tout, cette Zaïre même
Qui renonce aux chrétiens pour le soudan qui l'aime,
De son crédit au moins nous pourrait secourir:
Qu'importe de quel bras Dieu daigne se servir?
M'en croirez-vous? le juste, aussi-bien que le sage,
Du crime et du malheur sait tirer avantage.
Vous pourriez de Zaïre employer la faveur
A fléchir Orosmane, à toucher son grand cœur;

A nous rendre un héros que lui-même a dû plaindre,
Que sans doute il admire, et qui n'est plus à craindre.

NÉRESTAN.

Mais ce même héros, pour briser ses liens,
Voudra-t-il qu'on s'abaisse à ces honteux moyens?
Et quand il le voudrait, est-il en ma puissance
D'obtenir de Zaïre un moment d'audience?
Croyez-vous qu'Orosmane y daigne consentir?
Le sérail à ma voix pourra-t-il se rouvrir?
Quand je pourrais enfin paraître devant elle,
Que faut-il espérer d'une femme infidèle,
A qui mon seul aspect doit tenir lieu d'affront,
Et qui lira sa honte écrite sur mon front?
Seigneur, il est bien dur pour un cœur magnanime
D'attendre des secours de ceux qu'on mésestime;
Leurs refus sont affreux, leurs bienfaits font rougir.

CHATILLON.

Songez à Lusignan, songez à le servir.

NÉRESTAN.

Eh bien... Mais quels chemins jusqu'à cette infidèle
Pourront... On vient à nous. Que vois-je? ô ciel! c'est elle.

SCÈNE II.

ZAIRE, CHATILLON, NÉRESTAN.

ZAÏRE, *à Nérestan.*

C'EST vous, digne Français, à qui je viens parler:
Le soudan le permet, cessez de vous troubler;
Et rassurant mon cœur, qui tremble à votre approche,
Chassez de vos regards la plainte et le reproche.
Seigneur, nous nous craignons, nous rougissons tous deux:
Je souhaite et je crains de rencontrer vos yeux.

L'un à l'autre attachés depuis notre naissance,
Une affreuse prison renferma notre enfance;
Le sort nous accabla du poids des mêmes fers,
Que la tendre amitié nous rendait plus légers.
Il me fallut depuis gémir de votre absence;
Le ciel porta vos pas aux rives de la France :
Prisonnier dans Solyme, enfin je vous revis;
Un entretien plus libre alors m'était permis;
Esclave dans la foule, où j'étais confondue,
Aux regards du soudan je vivais inconnue.
Vous daignâtes bientôt, soit grandeur, soit pitié,
Soit plutôt digne effet d'une pure amitié,
Revoyant des Français le glorieux empire,
Y chercher la rançon de la triste Zaïre :
Vous l'apportez; le ciel a trompé vos bienfaits;
Loin de vous, dans Solyme il m'arrête à jamais.
Mais quoi que ma fortune ait d'éclat et de charmes,
Je ne puis vous quitter sans répandre des larmes
Toujours de vos bontés je vais m'entretenir,
Chérir de vos vertus le tendre souvenir,
Comme vous des humains soulager la misère,
Protéger les chrétiens, leur tenir lieu de mère :
Vous me les rendez chers, et ces infortunés...

NÉRESTAN.

Vous, les protéger! vous, qui les abandonnez!
Vous, qui des Lusignans foulant aux pieds la cendre....

ZAÏRE.

Je la viens honorer, seigneur; je viens vous rendr.
Le dernier de ce sang, votre amour, votre espoir :
Oui, Lusignan est libre, et vous l'allez revoir.

CHATILLON.

O ciel! nous reverrions notre appui, notre père!

NÉRESTAN.

Les chrétiens vous devraient une tête si chère !

ZAÏRE.

J'avais sans espérance osé la demander :
Le généreux soudan veut bien nous l'accorder ;
On l'amène en ces lieux.

NÉRESTAN.

Que mon ame est émue !

ZAÏRE.

Mes larmes malgré moi me dérobent sa vue ;
Ainsi que ce vieillard j'ai langui dans les fers :
Qui ne sait compatir aux maux qu'on a soufferts !

NÉRESTAN.

Grand dieu ! que de vertu dans une ame infidèle !

SCÈNE III.

ZAIRE, LUSIGNAN, CHATILLON, NÉRESTAN, PLUSIEURS ESCLAVES CHRÉTIENS.

LUSIGNAN.

Du séjour du trépas quelle voix me rappelle ?
Suis-je avec des chrétiens ?... Guidez mes pas tremblants.
Mes maux m'ont affaibli plus encor que mes ans.
(en s'asseyant.)
Suis-je libre en effet ?

ZAÏRE.

Oui, seigneur, oui, vous l'êtes.

CHATILLON.

Vous vivez, vous calmez nos douleurs inquiètes.
Tous nos tristes chrétiens....

LUSIGNAN.

O jour ! ô douce voix !

Chatillon, c'est donc vous? c'est vous que je revois!
Martyr, ainsi que moi, de la foi de nos pères,
Le dieu que nous servons finit-il nos misères?
En quels lieux sommes-nous? Aidez mes faibles yeux.

CHATILLON.

C'est ici le palais qu'ont bâti vos aïeux;
Du fils de Noradin c'est le séjour profane.

ZAÏRE.

Le maître de ces lieux, le puissant Orosmane,
Sait connaître, seigneur, et chérir la vertu.
Ce généreux Français, qui vous est inconnu,
(en montrant Nérestan.)
Par la gloire amené des rives de la France,
Venait de dix chrétiens payer la délivrance:
Le soudan, comme lui, gouverné par l'honneur,
Croit, en vous délivrant, égaler son grand cœur.

LUSIGNAN.

Des chevaliers français tel est le caractère;
Leur noblesse en tout temps me fut utile et chère.
Trop digne chevalier, quoi! vous passez les mers,
Pour soulager nos maux et pour briser nos fers?
Ah! parlez, à qui dois-je un service si rare?

NÉRESTAN.

Mon nom est Nérestan; le sort, long-temps barbare,
Qui dans les fers ici me mit presque en naissant,
Me fit quitter bientôt l'empire du croissant:
A la cour de Louis, guidé par mon courage,
De la guerre sous lui j'ai fait l'apprentissage;
Ma fortune et mon rang sont un don de ce roi,
Si grand par sa valeur, et plus grand par sa foi.
Je le suivis, seigneur, au bord de la Charente,
Lorsque du fier Anglais la valeur menaçante,

Cédant à nos efforts trop long-temps captivés,
Satisfit en tombant aux lis qu'ils ont bravés.
Venez, prince, et montrez au plus grand des monarques,
De vos fers glorieux les vénérables marques :
Paris va révérer le martyr de la croix :
Et la cour de Louis est l'asile des rois.

LUSIGNAN.

Hélas! de cette cour j'ai vu jadis la gloire.
Quand Philippe à Bovine enchaînait la victoire,
Je combattais, seigneur, avec Montmorenci,
Melun, d'Estaing, de Nesle, et ce fameux Couci
Mais à revoir Paris je ne dois plus prétendre :
Vous voyez qu'au tombeau je suis prêt à descendre;
Je vais au roi des rois demander aujourd'hui
Le prix de tous les maux que j'ai soufferts pour lui,
Vous, généreux témoin de mon heure dernière,
Tandis qu'il en est temps, écoutez ma prière :
Nérestan, Chatillon, et vous.... de qui les pleurs
Dans ces moments si chers honorent mes malheurs,
Madame, ayez pitié du plus malheureux père
Qui jamais ait du ciel éprouvé la colère,
Qui répand devant vous des larmes que le temps
Ne peut encor tarir dans mes yeux expirants.
Une fille, trois fils, ma superbe espérance,
Me furent arrachés dès leur plus tendre enfance :
O mon cher Chatillon, tu dois t'en souvenir

CHATILLON.

De vos malheurs encor vous me voyez frémir.

LUSIGNAN.

Prisonnier avec moi dans Césarée en flamme,
Tes yeux virent périr mes deux fils et ma femme

CHATILLON.

Mon bras chargé de fers ne les put secourir.

LUSIGNAN.

Hélas! et j'étais père, et je ne pus mourir!
Veillez du haut des cieux, chers enfants que j'implore,
Sur mes autres enfants, s'ils sont vivants encore.
Mon dernier fils, ma fille, aux chaînes réservés,
Par de barbares mains pour servir conservés,
Loin d'un père accablé furent portés ensemble
Dans ce même sérail où le ciel nous rassemble.

CHATILLON.

Il est vrai; dans l'horreur de ce péril nouveau,
Je tenais votre fille à peine en son berceau;
Ne pouvant la sauver, seigneur, j'allais moi-même
Répandre sur son front l'eau sainte du baptême;
Lorsque les Sarrasins, de carnage fumants,
Revinrent l'arracher à mes bras tout sanglants.
Votre plus jeune fils, à qui les destinées
Avaient à peine encore accordé quatre années,
Trop capable déja de sentir son malheur,
Fut dans Jérusalem conduit avec sa sœur.

NÉRESTAN.

De quel ressouvenir mon ame est déchirée!
A cet âge fatal j'étais dans Césarée,
Et tout couvert de sang, et chargé de liens,
Je suivis en ces lieux la foule des chrétiens.

LUSIGNAN.

Vous... seigneur!... ce sérail éleva votre enfance?...
(en les regardant.)
Hélas! de mes enfants auriez-vous connaissance?
Ils seraient de votre âge, et peut-être mes yeux....

Quel ornement, madame, étranger en ces lieux?
Depuis quand l'avez-vous?

ZAÏRE.

Depuis que je respire.
Seigneur... eh quoi! d'où vient que votre ame soupire?

LUSIGNAN.

Ah! daignez confier à mes tremblantes mains....

ZAÏRE.

De quel trouble nouveau tous mes sens sont atteints!
Seigneur, que faites-vous?

LUSIGNAN.

O ciel! ô providence!
Mes yeux, ne trompez point ma timide espérance;
Serait-il bien possible? oui, c'est elle... je voi
Ce présent qu'une épouse avait reçu de moi,
Et qui de mes enfants ornait toujours la tête,
Lorsque de leur naissance on célébrait la fête:
Je revois.... je succombe à mon saisissement.

ZAÏRE.

Qu'entends-je? et quel soupçon m'agite en ce moment?
Ah, seigneur!

LUSIGNAN.

Dans l'espoir dont j'entrevois les charmes,
Ne m'abandonnez pas, Dieu qui voyez mes larmes!
Dieu mort sur cette croix, et qui revis pour nous,
Parle, achève, ô mon Dieu! ce sont là de tes coups.
Quoi! madame, en vos mains elle était demeurée
Quoi! tous les deux captifs, et pris dans Césarée.

ZAÏRE.

Oui, seigneur.

NÉRESTAN.

Se peut-il?

LUSIGNAN.

Leur parole, leurs traits
De leur mère en effet sont les vivants portraits.
Oui, grand Dieu; tu le veux, tu permets que je voie!...
Dieu, ranime mes sens trop faibles pour ma joie!
Madame... Nérestan... Soutiens-moi, Chatillon...
Nérestan, si je dois vous nommer de ce nom,
Avez-vous dans le sein la cicatrice heureuse
Du fer dont à mes yeux une main furieuse....

NÉRESTAN.

Oui, seigneur, il est vrai

LUSIGNAN.

Dieu juste! heureux moments

NÉRESTAN, *se jetant à genoux.*

Ah, seigneur! ah, Zaïre!

LUSIGNAN.

Approchez, mes enfants.

NÉRESTAN.

Moi, votre fils!

ZAÏRE.

Seigneur!

LUSIGNAN.

Heureux jour qui m'éclaire!
Ma fille! mon cher fils! embrassez votre père.

CHATILLON.

Que d'un bonheur si grand mon cœur se sent toucher!

LUSIGNAN.

De vos bras, mes enfants, je ne puis m'arracher.
Je vous revois enfin, chère et triste famille,
Mon fils, digne héritier.... vous.... hélas! vous? ma fille!
Dissipez mes soupçons, ôtez-moi cette horreur,
Ce trouble qui m'accable au comble du bonheur.

Toi qui seul as conduit sa fortune et la mienne,
Mon Dieu qui me la rends, me la rends-tu chrétienne?
Tu pleures, malheureuse, et tu baisses les yeux!
Tu te tais! je t'entends! ô crime! ô justes cieux!

ZAÏRE.

Je ne puis vous tromper, sous les lois d'Orosmane....
Punissez votre fille.... elle était musulmane.

LUSIGNAN.

Que la foudre en éclats ne tombe que sur moi!
Ah, mon fils! à ces mots j'eusse expiré sans toi
Mon Dieu! j'ai combattu soixante ans pour ta gloire!
J'ai vu tomber ton temple et périr ta mémoire;
Dans un cachot affreux abandonné vingt ans,
Mes larmes t'imploraient pour mes tristes enfants;
Et lorsque ma famille est par toi réunie,
Quand je trouve une fille, elle est ton ennemie!
Je suis bien malheureux... c'est ton père, c'est moi,
C'est ta seule prison qui t'a ravi ta foi.
Ma fille, tendre objet de mes dernières peines,
Songe au moins, songe au sang qui coule dans tes veines;
C'est le sang de vingt rois, tous chrétiens comme moi;
C'est le sang des héros, défenseurs de ma loi;
C'est le sang des martyrs.... O fille encor trop chère!
Connais-tu ton destin? sais-tu quelle est ta mère?
Sais-tu bien qu'à l'instant que son flanc mit au jour
Ce triste et dernier fruit d'un malheureux amour,
Je la vis massacrer par la main forcenée,
Par la main des brigands à qui tu t'es donnée?
Tes frères, ces martyrs égorgés à mes yeux,
T'ouvrent leurs bras sanglants, tendus du haut des cieux:
Ton Dieu que tu trahis, ton Dieu que tu blasphèmes,
Pour toi, pour l'univers, est mort en ces lieux mêmes,

En ces lieux où mon bras le servit tant de fois,
En ces lieux où son sang te parle par ma voix.
Vois ces murs, vois ce temple envahi par tes maîtres;
Tout annonce le Dieu qu'ont vengé tes ancêtres :
Tourne les yeux, sa tombe est près de ce palais;
C'est ici la montagne où, lavant nos forfaits,
Il voulut expirer sous les coups de l'impie;
C'est là que de sa tombe il rappela sa vie :
Tu ne saurais marcher dans cet auguste lieu,
Tu n'y peux faire un pas sans y trouver ton Dieu;
Et tu n'y peux rester sans renier ton père,
Ton honneur qui te parle, et ton Dieu qui t'éclaire.
Je te vois dans mes bras et pleurer et frémir;
Sur ton front pâlissant Dieu met le repentir;
Je vois la vérité dans ton cœur descendue :
Je retrouve ma fille après l'avoir perdue
Et je reprends ma gloire et ma félicité,
En dérobant mon sang à l'infidélité.

NÉRESTAN.

Je revois donc ma sœur!... Et son ame...

ZAÏRE.

Ah, mon père!
Cher auteur de mes jours, parlez, que dois-je faire?

LUSIGNAN.

M'ôter par un seul mot ma honte et mes ennuis,
Dire : Je suis chrétienne.

ZAÏRE.

Oui... seigneur... je le suis.

LUSIGNAN.

Dieu, reçois son aveu du sein de ton empire!

SCÈNE IV.

ZAIRE, LUSIGNAN, CHATILLON, NÉRESTAN, CORASMIN.

CORASMIN.

MADAME, le soudan m'ordonne de vous dire
Qu'à l'instant de ces lieux il faut vous retirer,
Et de ces vils chrétiens surtout vous séparer.
Vous, Français, suivez-moi; de vous je dois répondre.

CHATILLON.

Où sommes nous, grand Dieu! Quel coup vient nous confondre!

LUSIGNAN.

Notre courage, amis, doit ici s'animer.

ZAÏRE.

Hélas, seigneur!

LUSIGNAN.

O vous que je n'ose nommer,
Jurez-moi de garder un secret si funeste.

ZAÏRE.

Je vous le jure.

LUSIGNAN.

Allez; le ciel fera le reste.

FIN DU SECOND ACTE.

ACTE TROISIÈME.

SCÈNE I.

OROSMANE, CORASMIN.

OROSMANE.

Vous étiez, Corasmin, trompé par vos alarmes;
Non, Louis contre moi ne tourne point ses armes;
Les Français sont lassés de chercher désormais
Des climats que pour eux le destin n'a point faits;
Ils n'abandonnent point leur fertile patrie
Pour languir aux déserts de l'aride Arabie,
Et venir arroser de leur sang odieux
Ces palmes, que pour nous Dieu fait croître en ces lieux.
Ils couvrent de vaisseaux la mer de la Syrie;
Louis, des bords de Chypre, épouvante l'Asie :
Mais j'apprends que ce roi s'éloigne de nos ports;
De la féconde Égypte il menace les bords :
J'en reçois à l'instant la première nouvelle;
Contre les Mamelus son courage l'appelle :
Il cherche Mélédin, mon secret ennemi;
Sur leurs divisions mon trône est affermi.
Je ne crains plus enfin l'Égypte ni la France;
Nos communs ennemis cimentent ma puissance,
Et, prodigues d'un sang qu'ils devraient ménager,
Prennent en s'immolant le soin de me venger.
Relâche ces chrétiens, ami, je les délivre;
Je veux plaire à leur maître, et leur permets de vivre;

Je veux que sur la mer on les mène à leur roi,
Que Louis me connaisse, et respecte ma foi.
Mène-lui Lusignan; dis-lui que je lui donne
Celui que la naissance allie à sa couronne,
Celui que par deux fois mon père avait vaincu,
Et qu'il tint enchaîné tandis qu'il a vécu.

CORASMIN.

Son nom cher aux chrétiens...

OROSMANE.

Son nom n'est point à craindre.

CORASMIN.

Mais, seigneur, si Louis...

OROSMANE.

Il n'est plus temps de feindre;
Zaïre l'a voulu, c'est assez; et mon cœur,
En donnant Lusignan, le donne à mon vainqueur
Louis est peu pour moi; je fais tout pour Zaïre;
Nul autre sur mon cœur n'aurait pris cet empire.
Je viens de l'affliger, c'est à moi d'adoucir
Le déplaisir mortel qu'elle a dû ressentir,
Quand, sur les faux avis des desseins de la France,
J'ai fait à ces chrétiens un peu de violence.
Que dis-je? ces moments perdus dans mon conseil,
Ont de ce grand hymen suspendu l'appareil:
D'une heure encore, ami, mon bonheur se diffère:
Mais j'emploierai du moins ce temps à lui complaire:
Zaïre ici demande un secret entretien
Avec ce Nérestan, ce généreux chrétien...

CORASMIN.

Et vous avez, seigneur, encor cette indulgence?

OROSMANE.

Ils ont été tous deux esclaves dans l'enfance,

Ils ont porté mes fers, ils ne se verront plus;
Zaïre enfin de moi n'aura point un refus.
Je ne m'en défends point, je foule aux pieds pour elle
Des rigueurs du sérail la contrainte cruelle;
J'ai méprisé ces lois dont l'âpre austérité
Fait d'une vertu triste une nécessité.
Je ne suis point formé du sang asiatique;
Né parmi les rochers, au sein de la Taurique,
Des Scythes mes aïeux je garde la fierté,
Leurs mœurs, leurs passions, leur générosité:
Je consens qu'en partant Nérestan la revoie:
Je veux que tous les cœurs soient heureux de ma joie.
Après ce peu d'instants volés à mon amour,
Tous ses moments, ami, sont à moi sans retour.
Va; ce chrétien attend, et tu peux l'introduire;
Presse son entretien; obéis à Zaïre.

SCÈNE II.

CORASMIN, NÉRESTAN.

CORASMIN.

En ces lieux un moment tu peux encor rester:
Zaïre à tes regards viendra se présenter.

SCÈNE III.

NERESTAN.

En quel état, ô ciel! en quels lieux je la laisse!
O ma religion! ô mon père! ô tendresse!
Mais je la vois.

SCÈNE IV.

ZAIRE, NÉRESTAN.

NÉRESTAN.

MA sœur, je puis donc vous parler ?
Ah ! dans quel temps le ciel nous voulut rassembler !
Vous ne reverrez plus un trop malheureux père.

ZAÏRE.

Dieu ! Lusignan ?

NÉRESTAN.

Il touche à son heure dernière :
Sa joie, en nous voyant, par de trop grands efforts,
De ses sens affaiblis a rompu les ressorts ;
Et cette émotion, dont son ame est remplie,
A bientôt épuisé les sources de sa vie.
Mais, pour comble d'horreurs, à ces derniers moments
Il doute de sa fille et de ses sentiments ;
Il meurt dans l'amertume, et son ame incertaine
Demande en soupirant si vous êtes chrétienne.

ZAÏRE.

Quoi ! je suis votre sœur, et vous pouvez penser
Qu'à mon sang, à ma loi j'aille ici renoncer ?

NÉRESTAN.

Ah, ma sœur ! cette loi n'est pas la vôtre encore ;
Le jour qui vous éclaire est pour vous à l'aurore ;
Vous n'avez point reçu ce gage précieux
Qui nous lave du crime et nous ouvre les cieux :
Jurez par nos malheurs, et par votre famille,
Par ces martyrs sacrés de qui vous êtes fille,
Que vous voulez ici recevoir aujourd'hui
Le sceau du Dieu vivant qui nous attache à lui.

ZAÏRE.

Oui, je jure en vos mains, par ce Dieu que j'adore,
Par sa loi que je cherche, et que mon cœur ignore,
De vivre désormais sous cette sainte loi....
Mais, mon cher frère.... hélas! que veut-elle de moi?
Que faut-il?

NÉRESTAN.

Détester l'empire de vos maîtres;
Servir, aimer ce Dieu qu'ont aimé nos ancêtres,
Qui, né près de ces murs, est mort ici pour nous,
Qui nous a rassemblés, qui m'a conduit vers vous.
Est-ce à moi d'en parler? moins instruit que fidèle,
Je ne suis qu'un soldat, et je n'ai que du zèle;
Un pontife sacré viendra jusqu'en ces lieux
Vous apporter la vie, et dessiller vos yeux.
Songez à vos serments; et que l'eau du baptême
Ne vous apporte point la mort et l'anathême.
Obtenez qu'avec lui je puisse revenir.
Mais à quel titre, ô ciel, faut-il donc l'obtenir?
A qui le demander dans ce sérail profane?....
Vous, le sang de vingt rois, esclave d'Orosmane!
Parente de Louis, fille de Lusignan!
Vous chrétienne, et ma sœur, esclave d'un soudan!
Vous m'entendez.... je n'ose en dire davantage.
Dieu! nous réserviez-vous à ce dernier outrage?

ZAÏRE.

Ah, cruel! poursuivez; vous ne connaissez pas
Mon secret, mes tourments, mes vœux, mes attentats:
Mon frère, ayez pitié d'une sœur égarée,
Qui brûle, qui gémit, qui meurt désespérée.
Je suis chrétienne, hélas!.... j'attends avec ardeur
Cette eau sainte, cette eau qui peut guérir mon cœur.

Non, je ne serai point indigne de mon frère,
De mes aïeux, de moi, de mon malheureux père.
Mais parlez à Zaïre, et ne lui cachez rien,
Dites.... quelle est la loi de l'empire chrétien?...
Quel est le châtiment pour une infortunée,
Qui, loin de ses parents, aux fers abandonnée,
Trouvant chez un barbare un généreux appui,
Aurait touché son ame et s'unirait à lui?

NÉRESTAN.

O ciel! que dites-vous? ah! la mort la plus prompte
Devrait....

ZAÏRE.

C'en est assez, frappe, et préviens ta honte.

NÉRESTAN.

Qui? vous? ma sœur!

ZAÏRE.

C'est moi que je viens d'accuser.
Orosmane m'adore.... et j'allais l'épouser.

NÉRESTAN.

L'épouser! est-il vrai, ma sœur? est-ce vous-même?
Vous, la fille des rois?

ZAÏRE.

Frappe, dis-je; je l'aime.

NÉRESTAN.

Opprobre malheureux du sang dont vous sortez,
Vous demandez la mort, et vous la méritez:
Et si je n'écoutais que ta honte et ma gloire,
L'honneur de ma maison, mon père, sa mémoire;
Si la loi de ton Dieu, que tu ne connais pas,
Si ma religion ne retenait mon bras,
J'irais dans ce palais, j'irais au moment même,
Immoler de ce fer un barbare qui t'aime,

De son indigne flanc le plonger dans le tien,
Et ne l'en retirer que pour percer le mien.
Ciel! tandis que Louis, l'exemple de la terre,
Au Nil épouvanté ne va porter la guerre
Que pour venir bientôt, frappant des coups plus sûrs,
Délivrer ton Dieu même et lui rendre ces murs,
Zaïre cependant, ma sœur, son alliée,
Au tyran d'un sérail par l'hymen est liée?
Et je vais donc apprendre à Lusignan trahi
Qu'un Tartare est le Dieu que sa fille a choisi?
Dans ce moment affreux, hélas! ton père expire
En demandant à Dieu le salut de Zaïre.

ZAÏRE.

Arrête, mon cher frère.... arrête, connais-moi;
Peut-être que Zaïre est digne encor de toi.
Mon frère, épargne-moi cet horrible langage;
Ton courroux, ton reproche est un plus grand outrage,
Plus sensible pour moi, plus dur que ce trépas
Que je te demandais et que je n'obtiens pas.
L'état où tu me vois accable ton courage;
Tu souffres, je le vois; je souffre davantage:
Je voudrais que du ciel le barbare secours
De mon sang dans mon cœur eût arrêté le cours,
Le jour qu'empoisonné d'une flamme profane,
Ce pur sang des chrétiens brûla pour Orosmane,
Le jour que de ta sœur Orosmane charmé...
Pardonnez-moi, chrétiens; qui ne l'aurait aimé?
Il faisait tout pour moi; son cœur m'avait choisie;
Je voyais sa fierté pour moi seule adoucie:
C'est lui qui des chrétiens a ranimé l'espoir;
C'est à lui que je dois le bonheur de te voir:
Pardonne; ton courroux, mon père, ma tendresse,

Mes serments, mon devoir, mes remords, ma faiblesse,
Me servent de supplice, et ta sœur en ce jour
Meurt de son repentir plus que de son amour.

NÉRESTAN.

Je te blâme, et te plains; crois-moi, la providence
Ne te laissera point périr sans innocence :
Je te pardonne, hélas! ces combats odieux;
Dieu ne t'a point prêté son bras victorieux :
Ce bras, qui rend la force aux plus faibles courages,
Soutiendra ce roseau plié par les orages;
Il ne souffrira pas qu'à son culte engagé,
Entre un barbare et lui ton cœur soit partagé.
Le baptême éteindra ces feux dont il soupire,
Et tu vivras fidèle, ou périras martyre.
Achève donc ici ton serment commencé;
Achève, et, dans l'horreur dont ton cœur est pressé,
Promets au roi Louis, à l'Europe, à ton père,
Au Dieu qui déja parle à ce cœur si sincère,
De ne point accomplir cet hymen odieux
Avant que le pontife ait éclairé tes yeux,
Avant qu'en ma présence il te fasse chrétienne,
Et que Dieu par ses mains t'adopte et te soutienne.
Le promets-tu, Zaire?...

ZAÏRE.

Oui, je te le promets;
Rends-moi chrétienne et libre, à tout je me soumets.
Va, d'un père expirant va fermer la paupière,
Va, je voudrais te suivre et mourir la première.

NÉRESTAN.

Je pars. Adieu, ma sœur, adieu : puisque mes vœux
Ne peuvent t'arracher à ce palais honteux,

Je reviendrai bientôt par un heureux baptême
T'arracher aux enfers, et te rendre à toi-même.

SCÈNE V.

ZAIRE.

Me voilà seule, ô Dieu! que vais-je devenir?
Dieu, commande à mon cœur de ne te point trahir!
Hélas! suis-je en effet Française, ou musulmane?
Fille de Lusignan, ou femme d'Orosmane?
Suis-je amante ou chrétienne? O serments que j'ai faits!
Mon père, mon pays, vous serez satisfaits!
Fatime ne vient point. Quoi, dans ce trouble extrême
L'univers m'abandonne! on me laisse à moi-même!
Mon cœur peut-il porter, seul et privé d'appui,
Le fardeau des devoirs qu'on m'impose aujourd'hui?
A ta loi, Dieu puissant! oui, mon ame est rendue;
Mais fais que mon amant s'éloigne de ma vue.
Cher amant! ce matin l'aurais-je pu prévoir
Que je dusse aujourd'hui redouter de te voir?
Moi, qui, de tant de feux justement possédée,
N'avais d'autre bonheur, d'autre soin, d'autre idée
Que de t'entretenir, d'écouter ton amour,
Te voir, te souhaiter, attendre ton retour!
Hélas! et je t'adore, et t'aimer est un crime!

SCÈNE VI.

ZAIRE, OROSMANE.

OROSMANE.

Paraissez, tout est prêt, et l'ardeur qui m'anime
Ne souffre plus, madame, aucun retardement

Les flambeaux de l'hymen brillent pour votre amant ;
Les parfums de l'encens remplissent la mosquée ;
Du dieu de Mahomet la puissance invoquée
Confirme mes serments, et préside à mes feux :
Mon peuple prosterné pour vous offre ses vœux ;
Tout tombe à vos genoux ; vos superbes rivales,
Qui disputaient mon cœur et marchaient vos égales,
Heureuses de vous suivre et de vous obéir,
Devant vos volontés vont apprendre à fléchir :
Le trône, les festins, et la cérémonie,
Tout est prêt ; commencez le bonheur de ma vie.

ZAÏRE.

Où suis-je ? malheureuse ! ô tendresse ! ô douleur !

OROSMANE.

Venez.

ZAÏRE.

Où me cacher ?

OROSMANE.

Que dites-vous ?

ZAÏRE.

Seigneur !

OROSMANE.

Donnez-moi votre main ; daignez, belle Zaïre....

ZAÏRE.

Dieu de mon père ! hélas ! que pourrai-je lui dire ?

OROSMANE.

Que j'aime à triompher de ce tendre embarras !
Qu'il redouble ma flamme et mon bonheur !...

ZAÏRE.

Hélas !

OROSMANE.

Ce trouble à mes désirs vous rend encor plus chère ;

D'une vertu modeste il est le caractère.
Digne et charmant objet de ma constante foi,
Venez, ne tardez plus.

ZAÏRE.

Fatime, soutiens-moi....
Seigneur!

OROSMANE.

O ciel! eh quoi?

ZAÏRE.

Seigneur, cet hyménée
Était un bien suprême à mon ame étonnée.
Je n'ai point recherché le trône et la grandeur :
Qu'un sentiment plus juste occupait tout mon cœ
Hélas! j'aurais voulu qu'à vos vertus unie,
Et méprisant pour vous les trônes de l'Asie,
Seule et dans un désert, auprès de mon époux,
J'eusse pu sous mes pieds les fouler avec vous.
Mais... seigneur... ces chrétiens...

OROSMANE.

Ces chrétiens... Quoi, madame!
Qu'auraient donc de commun cette secte et ma flamme?

ZAÏRE.

Lusignan, ce vieillard accablé de douleurs,
Termine en ces moments sa vie et ses malheurs.

OROSMANE.

Eh bien! quel intérêt si pressant et si tendre
A ce vieillard chrétien votre cœur peut-il prendre?
Vous n'êtes point chrétienne; élevée en ces lieux,
Vous suivez dès long-temps la foi de mes aïeux;
Un vieillard qui succombe au poids de ses années
Peut-il troubler ici vos belles destinées?
Cette aimable pitié qu'il s'attire de vous,

Doit se perdre avec moi dans des moments si doux.

ZAÏRE.

Seigneur, si vous m'aimez, si je vous étais chère....

OROSMANE.

Si vous l'êtes, ah dieu!

ZAÏRE.

Souffrez que l'on diffère....
Permettez que ces nœuds par vos mains assemblés....

OROSMANE.

Que dites-vous? ô ciel! est-ce vous qui parlez?
Zaïre!

ZAÏRE.

Je ne puis soutenir sa colère.

OROSMANE.

Zaïre!

ZAÏRE.

Il m'est affreux, seigneur, de vous déplaire;
Excusez ma douleur.... Non, j'oublie à la fois
Et tout ce que je suis et tout ce que je dois.
Je ne puis soutenir cet aspect qui me tue.
Je ne puis.... Ah! souffrez que loin de votre vue,
Seigneur, j'aille cacher mes larmes, mes ennuis,
Mes vœux, mon désespoir, et l'horreur où je suis.

(elle sort.)

SCÈNE VII.

OROSMANE, CORASMIN.

OROSMANE.

Je demeure immobile, et ma langue glacée
Se refuse aux transports de mon ame offensée.
Est-ce à moi que l'on parle? ai-je bien entendu?

Est-ce moi qu'elle fuit? ô ciel! et qu'ai-je vu?
Corasmin, quel est donc ce changement extrême?
Je la laisse échapper! je m'ignore moi-même.

CORASMIN.

Vous seul causez son trouble, et vous vous en plaignez!
Vous accusez, seigneur, un cœur où vous régnez.

OROSMANE.

Mais pourquoi donc ces pleurs, ces regrets, cette fuite,
Cette douleur si sombre en ses regards écrite?
Si c'était ce Français...! quel soupçon! quelle horreur!
Quelle lumière affreuse a passé dans mon cœur!
Hélas! je repoussais ma juste défiance;
Un barbare, un esclave, aurait cette insolence!
Cher ami, je verrais un cœur comme le mien
Réduit à redouter un esclave chrétien?
Mais, parle; tu pouvais observer son visage;
Tu pouvais de ses yeux entendre le langage:
Ne me déguise rien: mes feux sont-ils trahis?
Apprends-moi mon malheur... tu trembles... tu frémis...
C'en est assez.

CORASMIN.

Je crains d'irriter vos alarmes.
Il est vrai que ses yeux ont versé quelques larmes;
Mais, seigneur, après tout, je n'ai rien observé
Qui doive....

OROSMANE.

A cet affront je serais réservé!
Non; si Zaïre, ami, m'avait fait cette offense,
Elle eût avec plus d'art trompé ma confiance;
Le déplaisir secret de son cœur agité,
Si ce cœur est perfide, aurait-il éclaté?
Écoute: garde-toi de soupçonner Zaïre.

Mais, dis-tu, ce Français gémit, pleure, soupire :
Que m'importe après tout le sujet de ses pleurs?
Qui sait si l'amour même entre dans ses douleurs?
Et qu'ai-je à redouter d'un esclave infidèle
Qui demain pour jamais se va séparer d'elle?

CORASMIN.

N'avez-vous pas, seigneur, permis, malgré nos lois,
Qu'il jouît de sa vue une seconde fois?
Qu'il revînt en ces lieux?

OROSMANE.

Qu'il revînt? lui! ce traître!
Qu'aux yeux de ma maîtresse il osât reparaître?
Oui, je le lui rendrais, mais mourant, mais puni,
Mais versant à ses yeux le sang qui m'a trahi,
Déchiré devant elle; et ma main dégouttante
Confondrait dans son sang le sang de son amante....
Excuse les transports de ce cœur offensé;
Il est né violent, il aime, il est blessé.
Je connais mes fureurs, et je crains ma faiblesse;
A des troubles honteux je sens que je m'abaisse.
Non, c'est trop sur Zaïre arrêter un soupçon;
Non, son cœur n'est point fait pour une trahison.
Mais ne crois pas non plus que le mien s'avilisse
A souffrir des rigueurs, à gémir d'un caprice,
A me plaindre, à reprendre, à redonner ma foi :
Les éclaircissements sont indignes de moi;
Il vaut mieux sur mes sens reprendre un juste empire;
Il vaut mieux oublier jusqu'au nom de Zaïre.
Allons, que le sérail soit fermé pour jamais;
Que la terreur habite aux portes du palais;
Que tout ressente ici le frein de l'esclavage.
Des rois de l'Orient suivons l'antique usage

On peut, pour son esclave oubliant sa fierté,
Laisser tomber sur elle un regard de bonté;
Mais il est trop honteux de craindre une maîtresse;
Aux mœurs de l'Occident laissons cette bassesse.
Ce sexe dangereux, qui veut tout asservir,
S'il règne dans l'Europe, ici doit obéir.

FIN DU TROISIÈME ACTE.

ACTE QUATRIÈME.

SCÈNE I.

ZAIRE, FATIME.

FATIME.

Que je vous plains, madame, et que je vous admire!
C'est le Dieu des chrétiens, c'est Dieu qui vous inspire;
Il donnera la force à vos bras languissants
De briser des liens si chers et si puissants.

ZAÏRE.

Eh! pourrai-je achever ce fatal sacrifice?

FATIME.

Vous demandez sa grâce, il vous doit sa justice:
De votre cœur docile il doit prendre le soin.

ZAÏRE.

Jamais de son appui je n'eus tant de besoin.

FATIME.

Si vous ne voyez plus votre auguste famille,
Le Dieu que vous servez vous adopte pour fille;
Vous êtes dans ses bras; il parle à votre cœur:
Et quand ce saint pontife, organe du Seigneur,
Ne pourrait aborder dans ce palais profane....

ZAÏRE.

Ah! j'ai porté la mort dans le sein d'Orosmane!
J'ai pu désespérer le cœur de mon amant!
Quel outrage, Fatime, et quel affreux moment!
Mon Dieu, vous l'ordonnez!... j'eusse été trop heureuse!

FATIME.

Quoi! regretter encor cette chaîne honteuse!
Hasarder la victoire ayant tant combattu!

ZAÏRE.

Victoire infortunée! inhumaine vertu!
Non, tu ne connais pas ce que je sacrifie.
Cet amour si puissant, ce charme de ma vie,
Dont j'espérais, hélas! tant de félicité,
Dans toute son ardeur n'avait point éclaté.
Fatime, j'offre à Dieu mes blessures cruelles;
Je mouille devant lui de larmes criminelles
Ces lieux où tu m'as dit qu'il choisit son séjour;
Je lui crie en pleurant: Ote-moi mon amour,
Arrache-moi mes vœux, remplis-moi de toi même;
Mais, Fatime, à l'instant les traits de ce que j'aime,
Ces traits chers et charmants, que toujours je revoi,
Se montrent dans mon ame entre le ciel et moi.
Eh bien! race des rois, dont le ciel me fit naître,
Père, mère, chrétiens, vous mon Dieu, vous mon maître,
Vous qui de mon amant me privez aujourd'hui,
Terminez donc mes jours qui ne sont plus pour lui!
Que j'expire innocente, et qu'une main si chère
De ces yeux qu'il aimait ferme au moins la paupière!
Ah! que fait Orosmane? il ne s'informe pas
Si j'attends loin de lui la vie ou le trépas;
Il me fuit, il me laisse, et je n'y peux survivre.

FATIME.

Quoi! vous, fille des rois, que vous prétendez suivre,
Vous, dans les bras d'un Dieu, votre éternel appui...,

ZAÏRE.

Eh! pourquoi mon amant n'est-il pas né pour lui?
Orosmane est-il fait pour être sa victime?

Dieu pourrait-il haïr un cœur si magnanime?
Généreux, bienfaisant, juste, plein de vertus,
S'il était né chrétien, que serait-il de plus?
Et plût à Dieu du moins que ce saint interprète,
Ce ministre sacré que mon ame souhaite,
Du trouble où tu me vois vînt bientôt me tirer!
Je ne sais; mais enfin j'ose encore espérer
Que ce Dieu, dont cent fois on m'a peint la clémence,
Ne réprouverait point une telle alliance:
Peut-être, de Zaïre en secret adoré,
Il pardonne aux combats de ce cœur déchiré;
Peut-être, en me laissant au trône de Syrie,
Il soutiendrait par moi les chrétiens de l'Asie.
Fatime, tu le sais, ce puissant Saladin
Qui ravit à mon sang l'empire du Jourdain,
Qui fit comme Orosmane admirer sa clémence,
Au sein d'une chrétienne il avait pris naissance.

FATIME.

Ah! ne voyez-vous pas que pour vous consoler....

ZAÏRE.

Laisse-moi; je vois tout, je meurs sans m'aveugler:
Je vois que mon pays, mon sang, tout me condamne;
Que je suis Lusignan, que j'adore Orosmane;
Que mes vœux, que mes jours à ses jours sont liés.
Je voudrais quelquefois me jeter à ses pieds,
De tout ce que je suis faire un aveu sincère.

FATIME.

Songez que cet aveu peut perdre votre frère,
Expose les chrétiens, qui n'ont que vous d'appui,
Et va trahir le Dieu qui vous rappelle à lui.

ZAÏRE.

Ah! si tu connaissais le grand cœur d'Orosmane!

FATIME.

Il est le protecteur de la loi musulmane,
Et plus il vous adore, et moins il peut souffrir
Qu'on vous ose annoncer un Dieu qu'il doit haïr.
Le pontife à vos yeux en secret va se rendre,
Et vous avez promis....

ZAÏRE.

Eh bien! il faut l'attendre.
J'ai promis, j'ai juré de garder ce secret.
Hélas! qu'à mon amant je le tais à regret!
Et, pour comble d'horreur, je ne suis plus aimée.

SCÈNE II.

OROSMANE, ZAIRE.

OROSMANE.

Madame, il fut un temps où mon ame charmée,
Écoutant sans rougir des sentiments trop chers,
Se fit une vertu de languir dans vos fers.
Je croyais être aimé, madame, et votre maître,
Soupirant à vos pieds, devait s'attendre à l'être.
Vous ne m'entendrez point, amant faible et jaloux,
En reproches honteux éclater contre vous.
Cruellement blessé, mais trop fier pour me plaindre,
Trop généreux, trop grand pour m'abaisser à feindre
Je viens vous déclarer que le plus froid mépris
De vos caprices vains sera le digne prix.
Ne vous préparez point à tromper ma tendresse,
A chercher des raisons dont la flatteuse adresse,
A mes yeux éblouis colorant vos refus,
Vous ramène un amant qui ne vous connaît plus,
Et qui, craignant surtout qu'à rougir on l'expose,

D'un refus outrageant veut ignorer la cause.
Madame, c'en est fait, une autre va monter
Au rang que mon amour vous daignait présenter;
Une autre aura des yeux, et va du moins connaître
De quel prix mon amour et ma main devaient être.
Il pourra m'en coûter; mais mon cœur s'y résout.
Apprenez qu'Orosmane est capable de tout;
Que j'aime mieux vous perdre, et loin de votre vue
Mourir désespéré de vous avoir perdue,
Que de vous posséder, s'il faut qu'à votre foi
Il en coûte un soupir qui ne soit pas pour moi.
Allez! mes yeux jamais ne reverront vos charmes.

ZAÏRE.

Tu m'as donc tout ravi, Dieu, témoin de mes larmes;
Tu veux commander seul à mes sens éperdus...
Eh bien! puisqu'il est vrai que vous ne m'aimez plus,
Seigneur...

OROSMANE.

Il est trop vrai que l'honneur me l'ordonne,
Que je vous adorai, que je vous abandonne,
Que je renonce à vous, que vous le désirez,
Que sous une autre loi..., Zaïre, vous pleurez?

ZAÏRE.

Ah! seigneur! ah! du moins gardez de jamais croire
Que du rang d'un soudan je regrette la gloire;
Je sais qu'il faut vous perdre, et mon sort l'a voulu:
Mais, seigneur, mais mon cœur ne vous est pas connu.
Me punisse à jamais ce ciel qui me condamne
Si je regrette rien que le cœur d'Orosmane!

OROSMANE.

Zaïre, vous m'aimez!

ZAÏRE.

Dieu! si je l'aime, hélas!

OROSMANE.

Quel caprice étonnant, que je ne conçois pas!
Vous m'aimez? Eh! pourquoi vous forcez-vous, cruelle,
A déchirer le cœur d'un amant si fidèle?
Je me connaissais mal; oui, dans mon désespoir,
J'avais cru sur moi-même avoir plus de pouvoir.
Va, mon cœur est bien loin d'un pouvoir si funeste:
Zaïre, que jamais la vengeance céleste
Ne donne à ton amant, enchaîné sous ta loi,
La force d'oublier l'amour qu'il a pour toi!
Qui, moi? que sur mon trône une autre fût placée!
Non, je n'en eus jamais la fatale pensée.
Pardonne à mon courroux, à mes sens interdits,
Ces dédains affectés, et si bien démentis;
C'est le seul déplaisir que jamais, dans ta vie,
Le ciel aura voulu que ta tendresse essuie.
Je t'aimerai toujours... Mais d'où vient que ton cœur
En partageant mes feux différait mon bonheur?
Parle, était-ce un caprice? est-ce crainte d'un maître,
D'un soudan, qui pour toi veut renoncer à l'être?
Serait-ce un artifice? épargne-toi ce soin;
L'art n'est pas fait pour toi, tu n'en as pas besoin;
Qu'il ne souille jamais le saint nœud qui nous lie!
L'art le plus innocent tient de la perfidie:
Je n'en connus jamais, et mes sens déchirés,
Pleins d'un amour si vrai...

ZAÏRE.

Vous me désespérez.
Vous m'êtes cher sans doute, et ma tendresse extrême,
Est le comble des maux pour ce cœur qui vous aime.

OROSMANE.

O ciel! expliquez-vous. Quoi! toujours me troubler?
Se peut-il...?

ZAÏRE.

Dieu puissant, que ne puis-je parler!

OROSMANE.

Quel étrange secret me cachez-vous, Zaïre?
Est-il quelque chrétien qui contre moi conspire?
Me trahit-on? parlez.

ZAÏRE.

Eh! peut-on vous trahir?
Seigneur, entre eux et vous vous me verriez courir:
On ne vous trahit point, pour vous rien n'est à craindre:
Mon malheur est pour moi, je suis la seule à plaindre.

OROSMANE.

Vous, à plaindre! grand Dieu!

ZAÏRE.

Souffrez qu'à vos genoux
Je demande en tremblant une grâce de vous.

OROSMANE.

Une grâce! ordonnez et demandez ma vie.

ZAÏRE.

Plût au ciel qu'à vos jours la mienne fût unie!
Orosmane... seigneur... permettez qu'aujourd'hui,
Seule, loin de vous-même, et toute à mon ennui,
D'un œil plus recueilli contemplant ma fortune,
Je cache à votre oreille une plainte importune....
Demain tous mes secrets vous seront révélés.

OROSMANE.

De quelle inquiétude, ô ciel, vous m'accablez!
Pouvez-vous...?

ZAÏRE.

Si pour moi l'amour vous parle encore,
Ne me refusez pas la grâce que j'implore.

OROSMANE.

Eh bien! il faut vouloir tout ce que vous voulez;
J'y consens; il en coûte à mes sens désolés.
Allez : souvenez-vous que je vous sacrifie
Les moments les plus beaux, les plus chers de ma vie.

ZAÏRE.

En me parlant ainsi, vous me percez le cœur.

OROSMANE.

Eh bien! vous me quittez, Zaïre?

ZAÏRE.

Hélas! seigneur.

SCÈNE III.

OROSMANE, CORASMIN.

OROSMANE.

Ah! c'est trop tôt chercher ce solitaire asile;
C'est trop tôt abuser de ma bonté facile;
Et plus j'y pense, ami, moins je puis concevoir
Le sujet si caché de tant de désespoir.
Quoi donc! par ma tendresse élevée à l'empire,
Dans le sein du bonheur que son ame désire,
Près d'un amant qu'elle aime, et qui brûle à ses pieds,
Ses yeux, remplis d'amour, de larmes sont noyés!
Je suis bien indigné de voir tant de caprices :
Mais moi-même, après tout, eus-je moins d'injustices?
Ai-je été moins coupable à ses yeux offensés?
Est-ce à moi de me plaindre? on m'aime, c'est assez :
Il me faut expier par un peu d'indulgence

De mes transports jaloux l'injurieuse offense.
Je me rends. Je le vois, son cœur est sans détours;
La nature naïve anime ses discours :
Elle est dans l'âge heureux où règne l'innocence;
A sa sincérité je dois ma confiance.
Elle m'aime, sans doute; oui, j'ai lu devant toi,
Dans ses yeux attendris, l'amour qu'elle a pour moi;
Et son ame, éprouvant cette ardeur qui me touche,
Vingt fois pour me le dire a volé sur sa bouche.
Qui peut avoir un cœur assez traître, assez bas,
Pour montrer tant d'amour et ne le sentir pas?

SCÈNE IV.

OROSMANE, CORASMIN, MÉLEDOR.

MÉLÉDOR.

Cette lettre, seigneur, à Zaïre adressée,
Par vos gardes saisie, et dans mes mains laissée.....

OROSMANE.

Donne.... qui la portait?... Donne.

MÉLÉDOR.

Un de ces chrétiens
Dont vos bontés, seigneur, ont brisé les liens :
Au sérail en secret il allait s'introduire;
On l'a mis dans les fers.

OROSMANE.

Hélas! que vais-je lire?
Laisse-nous..... je frémis.

SCÈNE V.

OROSMANE, CORASMIN.

CORASMIN.

Cette lettre, seigneur,
Pourra vous éclaircir, et calmer votre cœur.

OROSMANE.

Ah! lisons : ma main tremble, et mon ame étonnée
Prévoit que ce billet contient ma destinée.
Lisons : « Chère Zaïre, il est temps de nous voir
« Il est vers la mosquée une secrète issue
« Où vous pouvez sans bruit et sans être aperçue
« Tromper vos surveillants, et remplir notre espoir
« Il faut tout hasarder; vous connaissez mon zèle :
« Je vous attends; je meurs si vous n'êtes fidèle. »
Eh bien! cher Corasmin, que dis-tu?

CORASMIN.

Moi, seigneur?
Je suis épouvanté de ce comble d'horreur.

OROSMANE.

Tu vois comme on me traite.

CORASMIN.

O trahison horrible
Seigneur, à cet affront vous êtes insensible?
Vous dont le cœur tantôt, sur un simple soupçon,
D'une douleur si vive a reçu le poison?
Ah! sans doute, l'horreur d'une action si noire
Vous guérit d'un amour qui blessait votre gloire.

OROSMANE.

Cours chez elle à l'instant, va, vole, Corasmin :
Montre-lui cet écrit.... Qu'elle tremble.... et soudain

De cent coups de poignard que l'infidèle meure !
Mais avant de frapper.... Ah ! cher ami, demeure ;
Demeure, il n'est pas temps. Je veux que ce chrétien
Devant elle amené.... non.... je ne veux plus rien....
Je me meurs.... je succombe à l'excès de ma rage.

CORASMIN.

On ne reçut jamais un si sanglant outrage.

OROSMANE.

Le voilà donc connu ce secret plein d'horreur !
Ce secret qui pesait à son infâme cœur !
Sous le voile emprunté d'une crainte ingénue
Elle veut quelque temps se soustraire à ma vue ;
Je me fais cet effort, je la laisse sortir ;
Elle part en pleurant.... et c'est pour me trahir.
Quoi, Zaïre !

CORASMIN.

Tout sert à redoubler son crime.
Seigneur, n'en soyez pas l'innocente victime ;
Et de vos sentiments rappelant la grandeur....

OROSMANE.

C'est là ce Nérestan, ce héros plein d'honneur,
Ce chrétien si vanté, qui remplissait Solyme,
De ce faste imposant de sa vertu sublime !
Je l'admirais moi-même ; et mon cœur combattu
S'indignait qu'un chrétien m'égalât en vertu.
Ah ! qu'il va me payer sa fourbe abominable !
Mais Zaïre, Zaïre est cent fois plus coupable :
Une esclave chrétienne, et que j'ai pu laisser
Dans les plus vils emplois languir sans l'abaisser !
Une esclave ! elle sait ce que j'ai fait pour elle !
Ah, malheureux !

CORASMIN.

Seigneur, si vous souffrez mon zèle,
Si, parmi les horreurs qui doivent vous troubler,
Vous vouliez....

OROSMANE.

Oui, je veux la voir et lui parler.
Allez, volez, esclave, et m'amenez Zaïre.

CORASMIN.

Hélas! en cet état que pourrez-vous lui dire?

OROSMANE.

Je ne sais, cher ami, mais je prétends la voir.

CORASMIN.

Ah! seigneur, vous allez, dans votre désespoir,
Vous plaindre, menacer, faire couler ses larmes;
Vos bontés contre vous lui donneront des armes;
Et votre cœur séduit, malgré tous vos soupçons,
Pour la justifier cherchera des raisons.
M'en croirez-vous? cachez cette lettre à sa vue;
Prenez pour la lui rendre une main inconnue;
Par là, malgré la fraude et les déguisements,
Vos yeux démêleront ses secrets sentiments,
Et des plis de son cœur verront tout l'artifice.

OROSMANE.

Penses-tu qu'en effet Zaïre me trahisse?....
Allons, quoi qu'il en soit, je vais tenter mon sort
Et pousser la vertu jusqu'au dernier effort.
Je veux voir à quel point une femme hardie
Saura de son côté pousser la perfidie.

CORASMIN.

Seigneur, je crains pour vous ce funeste entretien;
Un cœur tel que le vôtre....

OROSMANE.

Ah! n'en redoute rien;
A son exemple, hélas! ce cœur ne saurait feindre:
Mais j'ai la fermeté de savoir me contraindre:
Oui, puisqu'elle m'abaisse à connaître un rival...
Tiens; reçois ce billet à tous trois si fatal;
Va, choisis pour le rendre un esclave fidèle;
Mets en de sûres mains cette lettre cruelle;
Va, cours.... Je ferai plus, j'éviterai ses yeux;
Qu'elle n'approche pas.... C'est elle, justes cieux!

SCÈNE VI.

OROSMANE, ZAIRE.

ZAÏRE.

SEIGNEUR, vous m'étonnez; quelle raison soudaine,
Quel ordre si pressant près de vous me ramène?

OROSMANE.

Eh bien! madame, il faut que vous m'éclaircissiez;
Cet ordre est important plus que vous ne croyez.
Je me suis consulté.... Malheureux l'un par l'autre,
Il faut régler d'un mot et mon sort et le vôtre.
Peut-être qu'en effet ce que j'ai fait pour vous,
Mon orgueil oublié, mon sceptre à vos genoux,
Mes bienfaits, mon respect, mes soins, ma confiance,
Ont arraché de vous quelque reconnaissance.
Votre cœur, par un maître attaqué chaque jour,
Vaincu par mes bienfaits, crut l'être par l'amour.
Dans votre ame avec vous il est temps que je lise,
Il faut que ses replis s'ouvrent à ma franchise:
Jugez-vous; répondez avec la vérité
Que vous devez au moins à ma sincérité.

i de quelque autre amour l'invincible puissance
L'emporte sur mes soins, ou même les balance,
Il faut me l'avouer, et dans ce même instant.
Ta grâce est dans mon cœur; prononce, elle t'attend.
Sacrifie à ma foi l'insolent qui t'adore:
Songe que je te vois, que je te parle encore,
Que ma foudre à ta voix pourra se détourner,
Que c'est le seul moment où je peux pardonner.

ZAÏRE.

Vous, seigneur! vous osez me tenir ce langage?
Vous, cruel! Apprenez que ce cœur qu'on outrage,
Et que par tant d'horreurs le ciel veut éprouver,
S'il ne vous aimait pas, est né pour vous braver.
Je ne crains rien ici que ma funeste flamme:
N'imputez qu'à ce feu qui brûle encor mon ame,
N'imputez qu'à l'amour, que je dois oublier,
La honte où je descends de me justifier.
J'ignore si le ciel, qui m'a toujours trahie,
A destiné pour vous ma malheureuse vie.
Quoi qu'il puisse arriver, je jure par l'honneur,
Qui, non moins que l'amour, est gravé dans mon cœur,
Je jure que Zaïre, à soi-même rendue,
Des rois les plus puissants détesterait la vue;
Que tout autre après vous me serait odieux.
Voulez-vous plus savoir, et me connaître mieux?
Voulez-vous que ce cœur, à l'amertume en proie,
Ce cœur désespéré devant vous se déploie?
Sachez donc qu'en secret il pensait malgré lui
Tout ce que devant vous il déclare aujourd'hui;
Qu'il soupirait pour vous avant que vos tendresses
Vinssent justifier mes naissantes faiblesses;
Qu'il prévint vos bienfaits, qu'il brûlait à vos pieds,

Qu'il vous aimait enfin lorsque vous m'ignoriez;
Qu'il n'eut jamais que vous, n'aura que vous pour maître;
J'en atteste le ciel, que j'offense peut-être;
Et si j'ai mérité son éternel courroux,
Si mon cœur fut coupable, ingrat, c'était pour vous.

OROSMANE.

Quoi! des plus tendres feux sa bouche encor m'assure:
Quel excès de noirceur! Zaïre....! ah, la parjure!
Quand de sa trahison j'ai la preuve en ma main!

ZAÏRE.

Que dites-vous? Quel trouble agite votre sein?

OROSMANE.

Je ne suis point troublé. Vous m'aimez?

ZAÏRE.

Votre bouche
Peut-elle me parler avec ce ton farouche
D'un feu si tendrement déclaré chaque jour?
Vous me glacez de crainte en me parlant d'amour.

OROSMANE.

Vous m'aimez?

ZAÏRE.

Vous pouvez douter de ma tendresse!
Mais, encore une fois, quelle fureur vous presse?
Quels regards effrayants vous me lancez, hélas!
Vous doutez de mon cœur?

OROSMANE.

Non, je n'en doute pas.
Allez, rentrez, madame.

SCÈNE VII.

OROSMANE, CORASMIN.

OROSMANE.

Ami, sa perfidie
Au comble de l'horreur ne s'est pas démentie ;
Tranquille dans le crime, et fausse avec douceur,
Elle a jusques au bout soutenu sa noirceur.
As-tu trouvé l'esclave ? as-tu servi ma rage ?
Connaîtrai-je à la fois son crime et mon outrage ?

CORASMIN.

Oui, je viens d'obéir ; mais vous ne pouvez pas
Soupirer désormais pour ses traîtres appas ;
Vous la verrez sans doute avec indifférence,
Sans que le repentir succède à la vengeance,
Sans que l'amour sur vous en repousse les traits.

OROSMANE.

Corasmin, je l'adore encor plus que jamais.

CORASMIN.

Vous ? ô ciel ! vous ?

OROSMANE.

Je vois un rayon d'espérance.
Cet odieux chrétien, l'élève de la France,
Est jeune, impatient, léger, présomptueux ;
Il peut croire aisément ses téméraires vœux ;
Son amour indiscret, et plein de confiance,
Aura de ses soupirs hasardé l'insolence :
Un regard de Zaïre aura pu l'aveugler ;
Sans doute il est aisé de s'en laisser troubler.
Il croit qu'il est aimé, c'est lui seul qui m'offense ;
Peut-être ils ne sont point tous deux d'intelligence.

Zaïre n'a point vu ce billet criminel,
Et j'en croyais trop tôt mon déplaisir mortel.
Corasmin, écoutez.... dès que la nuit plus sombre
Aux crimes des mortels viendra prêter son ombre,
Sitôt que ce chrétien chargé de mes bienfaits,
Nérestan, paraîtra sous les murs du palais,
Ayez soin qu'à l'instant la garde le saisisse;
Qu'on prépare pour lui le plus honteux supplice:
Et que chargé de fers il me soit présenté.
Laissez, surtout, laissez Zaïre en liberté.
Tu vois mon cœur, tu vois à quel excès je l'aime!
Ma fureur est plus grande, et j'en tremble moi-même.
J'ai honte des douleurs où je me suis plongé:
Mais malheur aux ingrats qui m'auront outragé!

FIN DU QUATRIÈME ACTE.

ACTE CINQUIÈME.

SCÈNE I.

OROSMANE, CORASMIN, UN ESCLAVE.

OROSMANE.

On l'a fait avertir, l'ingrate va paraître;
Songe que dans tes mains est le sort de ton maître;
Donne-lui le billet de ce traître chrétien;
Rends-moi compte de tout, examine-la bien:
Porte-moi sa réponse. On approche.... c'est elle.
(à Corasmin.)
Viens, d'un malheureux prince ami tendre et fidèle,
Viens m'aider à cacher ma rage et mes ennuis.

SCÈNE II.

ZAIRE, FATIME, L'ESCLAVE.

ZAÏRE.

Eh! qui peut me parler dans l'état où je suis?
A tant d'horreurs, hélas! qui pourra me soustraire?
Le sérail est fermé! Dieu! si c'était mon frère!
Si la main de ce Dieu, pour soutenir ma foi,
Par des chemins cachés le conduisait vers moi!
Quel esclave inconnu se présente à ma vue?

L'ESCLAVE.

Cette lettre en secret dans mes mains parvenue,
Pourra vous assurer de ma fidélité.

ZAÏRE.

Donne. *(elle lit.)*

FATIME, *à part pendant que Zaïre lit.*

Dieu tout-puissant! éclate en ta bonté;
Fais descendre ta grâce en ce séjour profane;
Arrache ma princesse au barbare Orosmane!

ZAÏRE, *à Fatime.*

Je voudrais te parler.

FATIME, *à l'esclave.*

Allez, retirez-vous;
On vous rappellera, soyez prêt; laissez-nous.

SCÈNE III.

ZAIRE, FATIME.

ZAÏRE.

Lis ce billet : hélas! dis-moi ce qu'il faut faire;
Je voudrais obéir aux ordres de mon frère.

FATIME.

Dites plutôt, madame, aux ordres éternels
D'un Dieu qui vous demande au pied de ses autels.
Ce n'est point Nérestan, c'est Dieu qui vous appelle.

ZAÏRE.

Je le sais, à sa voix je ne suis point rebelle,
J'en ai fait le serment; mais puis-je m'engager,
Moi, les chrétiens, mon frère, en un si grand danger?

FATIME.

Ce n'est point leur danger dont vous êtes troublée;
Votre amour parle seul à votre ame ébranlée.
Je connais votre cœur : il penserait comme eux,
Il hasarderait tout, s'il n'était amoureux.
Ah! connaissez du moins l'erreur qui vous engage.

Vous tremblez d'offenser l'amant qui vous outrage.
Quoi! ne voyez-vous pas toutes ses cruautés,
Et l'ame d'un Tartare à travers ses bontés?
Ce tigre, encor farouche au sein de sa tendresse,
Même en vous adorant menaçait sa maîtresse....
Et votre cœur encor ne s'en peut détacher!
Vous soupirez pour lui!

ZAÏRE.

Qu'ai-je à lui reprocher?
C'est moi qui l'offensais, moi qu'en cette journée
Il a vu souhaiter ce fatal hyménée:
Le trône était tout prêt, le temple était paré,
Mon amant m'adorait; et j'ai tout différé.
Moi, qui devais ici trembler sous sa puissance
J'ai de ses sentiments bravé la violence;
J'ai soumis son amour, il fait ce que je veux,
Il m'a sacrifié ses transports amoureux.

FATIME.

Ce malheureux amour, dont votre ame est blessée,
Peut-il en ce moment remplir votre pensée?

ZAÏRE.

Ah! Fatime, tout sert à me désespérer.
Je sais que du sérail rien ne peut me tirer:
Je voudrais des chrétiens voir l'heureuse contrée,
Quitter ce lieu funeste à mon ame égarée;
Et je sens qu'à l'instant, prompte à me démentir,
Je fais des vœux secrets pour n'en jamais sortir.
Quel état! quel tourment! non, mon ame inquiète
Ne sait ce qu'elle doit, ni ce qu'elle souhaite;
Une terreur affreuse est tout ce que je sens.
Dieu! détourne de moi ces noirs pressentiments;
Prends soin de nos chrétiens, et veille sur mon frère!

Prends soin, du haut des cieux, d'une tête si chère!
Oui, je le vais trouver, je lui vais obéir:
Mais dès que de Solyme il aura pu partir,
Par son absence alors à parler enhardie,
J'apprends à mon amant le secret de ma vie:
Je lui dirai le culte où mon cœur est lié;
Il lira dans ce cœur, il en aura pitié:
Mais, dussé-je au supplice être ici condamnée,
Je ne trahirai point le sang dont je suis née.
Va, tu peux amener mon frère dans ces lieux.
Rappelle cet esclave.

SCÈNE IV.

ZAIRE.

O Dieu de mes aïeux!
Dieu de tous mes parents, de mon malheureux père,
Que ta main me conduise, et que ton œil m'éclaire!

SCÈNE V.

ZAIRE, L'ESCLAVE.

ZAÏRE.

Allez dire au chrétien qui marche sur vos pas
Que mon cœur aujourd'hui ne le trahira pas,
Que Fatime en ces lieux va bientôt l'introduire.
(à part.)
Allons, rassure-toi, malheureuse Zaïre!

SCÈNE VI

OROSMANE, CORASMIN, L'ESCLAVE.

OROSMANE.

Que ces moments, grand Dieu, sont lents pour ma fureur!
(*à l'esclave.*)
Eh bien! que t'a-t-on dit? réponds, parle.

L'ESCLAVE.

Seigneur,
On n'a jamais senti de si vives alarmes;
Elle a pâli, tremblé; ses yeux versaient des larmes;
Elle m'a fait sortir, elle m'a rappelé,
Et d'une voix tremblante et d'un cœur tout troublé,
Près de ces lieux, seigneur, elle a promis d'attendre
Celui qui cette nuit à ses yeux doit se rendre.

OROSMANE.

(*à l'esclave.*) (*à Corasmin.*)
Allez, il me suffit.... Ote-toi de mes yeux,
Laisse-moi; tout mortel me devient odieux.
Laisse-moi seul, te dis-je, à ma fureur extrême:
Je hais le monde entier, je m'abhorre moi-même.

SCÈNE VII

OROSMANE.

Où suis-je? ô ciel! où suis-je? où porté-je mes vœux?
Zaïre, Nérestan.... couple ingrat, couple affreux!
Traîtres, arrachez-moi ce jour que je respire,
Ce jour souillé par vous!.... misérable Zaïre,
Tu ne jouiras pas...., Corasmin, revenez.

SCÈNE VIII.

OROSMANE, CORASMIN.

OROSMANE.

Ah ! trop cruel ami, quoi, vous m'abandonnez !
Venez : a-t-il paru, ce rival, ce coupable ?

CORASMIN.

Rien ne paraît encore.

OROSMANE.

O nuit ! nuit effroyable !
Peux-tu prêter ton voile à de pareils forfaits ?
Zaïre !.... l'infidèle !.... après tant de bienfaits !
J'aurais d'un œil serein, d'un front inaltérable,
Contemplé de mon rang la chute épouvantable ;
J'aurais su, dans l'horreur de la captivité,
Conserver mon courage et ma tranquillité ;
Mais me voir à ce point trompé par ce que j'aime !

CORASMIN.

Eh ! que prétendez-vous dans cette horreur extrême ?
Quel est votre dessein ?

OROSMANE.

N'entends-tu pas des cris ?

CORASMIN.

Seigneur.....

OROSMANE.

Un bruit affreux a frappé mes esprits.
On vient.

CORASMIN.

Non, jusqu'ici nul mortel ne s'avance ;
Le sérail est plongé dans un profond silence ;
Tout dort, tout est tranquille ; et l'ombre de la nuit...

OROSMANE.

Hélas! le crime veille et son horreur me suit.
A ce coupable excès porter la hardiesse!
Tu ne connaissais pas mon cœur et ma tendresse!
Combien je t'adorais! quels feux! Ah, Corasmin!
Un seul de ses regards aurait fait mon destin;
Je ne puis être heureux ni souffrir que par elle.
Prends pitié de ma rage. Oui, cours.... Ah, la cruelle!

CORASMIN.

Est-ce vous qui pleurez? vous, Orosmane? ô cieux!

OROSMANE.

Voilà les premiers pleurs qui coulent de mes yeux.
Tu vois mon sort, tu vois la honte où je me livre;
Mais ces pleurs sont cruels, et la mort va les suivre:
Plains Zaïre, plains-moi; l'heure approche, ces pleurs
Du sang qui va couler sont les avant-coureurs.

CORASMIN.

Ah, je tremble pour vous!

OROSMANE.

Frémis de mes souffrances,
Frémis de mon amour, frémis de mes vengeances.
Approche, viens; j'entends.... je ne me trompe pas.

CORASMIN.

Sous les murs du palais quelqu'un porte ses pas.

OROSMANE.

Va saisir Nérestan, va, dis-je, qu'on l'enchaîne;
Que tout chargé de fers à mes yeux on l'entraîne.

SCÈNE IX.

OROSMANE, ZAÏRE et FATIME, *marchant pendant la nuit dans l'enfoncement du théâtre.*

ZAÏRE.

VIENS, Fatime.

OROSMANE.

Qu'entends-je ! est-ce là cette voix
Dont les sons enchanteurs m'ont séduit tant de fois ?
Cette voix qui trahit un feu si légitime ?
Cette voix infidèle, et l'organe du crime ?
Perfide !... vengeons-nous..... Quoi ! c'est elle ? ô destin
(il tire son poignard.)
Zaïre ! ah dieu !... ce fer échappe de ma main.

ZAÏRE, *à Fatime.*

C'est ici le chemin ; viens, soutiens mon courage.

FATIME.

Il va venir.

OROSMANE.

Ce mot me rend toute ma rage.

ZAÏRE.

Je marche en frissonnant ; mon cœur est éperdu....
Est-ce vous, Nérestan, que j'ai tant attendu ?

OROSMANE, *courant à Zaïre.*

C'est moi que tu trahis ; tombe à mes pieds, parjure !

ZAÏRE, *tombant dans la coulisse.*

Je me meurs, ô mon Dieu !

OROSMANE.

J'ai vengé mon injure.
Otons-nous de ces lieux... Je ne puis... Qu'ai-je fait ?...
Rien que de juste.... allons, j'ai puni son forfait.

Ah! voici son amant que mon destin m'envoie
Pour remplir ma vengeance et ma cruelle joie.

SCÈNE X.

OROSMANE, ZAIRE, NÉRESTAN, CORASMIN, FATIME, ESCLAVES.

OROSMANE.

Approche, malheureux, qui viens de m'arracher,
De m'ôter pour jamais ce qui me fut si cher;
Méprisable ennemi, qui fais encor paraître
L'audace d'un héros avec l'ame d'un traître:
Tu m'imposais ici pour me déshonorer;
Va, le prix en est prêt, tu peux t'y préparer.
Tes maux vont égaler les maux où tu m'exposes,
Et ton ingratitude, et l'horreur que tu causes.
Avez-vous ordonné son supplice?

CORASMIN.

Oui, seigneur.

OROSMANE.

Il commence déja dans le fond de ton cœur;
Tes yeux cherchent partout, et demandent encore
La perfide qui t'aime, et qui me déshonore.
Regarde, elle est ici.

NÉRESTAN.

Que dis-tu? Quelle erreur!...

OROSMANE.

Regarde-la, te dis-je.

NÉRESTAN.

Ah! que vois-je! Ah, ma sœur!
Zaïre!... elle n'est plus! Ah, monstre! Ah, jour horrible!

OROSMANE.

Sa sœur ! Qu'ai-je entendu ? Dieu, serait-il possible ?

NÉRESTAN.

Barbare, il est trop vrai : viens épuiser mon flanc
Du reste infortuné de cet auguste sang.
Lusignan, ce vieillard, fut son malheureux père :
Il venait dans mes bras d'achever sa misère,
Et d'un père expiré j'apportais en ces lieux
La volonté dernière et les derniers adieux ;
Je venais dans un cœur trop faible et trop sensible
Rappeler des chrétiens le culte incorruptible.
Hélas ! elle offensait notre Dieu, notre loi,
Et ce Dieu la punit d'avoir brûlé pour toi.

OROSMANE.

Zaïre !... Elle m'aimait ? est-il bien vrai, Fatime ?
Sa sœur ?... J'étais aimé ?

FATIME.

Cruel ! voilà son crime.
Tigre altéré de sang, tu viens de massacrer
Celle qui, malgré soi constante à t'adorer,
Se flattait, espérait que le Dieu de ses pères
Recevrait le tribut de ses larmes sincères,
Qu'il verrait en pitié cet amour malheureux,
Que peut-être il voudrait vous réunir tous deux
Hélas ! à cet excès son cœur l'avait trompée ;
De cet espoir trop tendre elle était occupée ;
Tu balançais son Dieu dans son cœur alarmé.

OROSMANE.

Tu m'en as dit assez. O ciel ! j'étais aimé !
Va, je n'ai pas besoin d'en savoir davantage....

NÉRESTAN.

Cruel ! qu'attends-tu donc pour assouvir ta rage ?

Il ne reste que moi de ce sang glorieux
Dont ton père et ton bras ont inondé ces lieux;
Rejoins un malheureux à sa triste famille,
Au héros dont tu viens d'assassiner la fille.
Tes tourments sont-ils prêts? je puis braver tes coups;
Tu m'as fait éprouver le plus cruel de tous.
Mais la soif de mon sang, qui toujours te dévore,
Permet-elle à l'honneur de te parler encore?
En m'arrachant le jour, souviens-toi des chrétiens
Dont tu m'avais juré de briser les liens;
Dans sa férocité ton cœur impitoyable
De ce trait généreux serait-il bien capable?
Parle; à ce prix encor je bénis mon trépas.

OROSMANE, *allant vers le corps de Zaïre.*

Zaïre!

CORASMIN.

Hélas! seigneur, où portez-vous vos pas?
Rentrez, trop de douleur de votre ame s'empare
Souffrez que Nérestan....

NÉRESTAN.

Qu'ordonnes-tu, barbare?

OROSMANE, *après une longue pose.*

Qu'on détache ses fers. Écoutez, Corasmin,
Que tous ses compagnons soient délivrés soudain.
Aux malheureux chrétiens prodiguez mes largesses;
Comblés de mes bienfaits, chargés de mes richesses,
Jusqu'au port de Joppé vous conduirez leurs pas.

CORASMIN.

Mais, seigneur...

OROSMANE.

Obéis, et ne réplique pas:
Vole, et ne trahis point la volonté suprême

D'un soudan qui commande, et d'un ami qui t'aime :
Va, ne perds point de temps, sors, obéis....
(à Nérestan.)
Et toi,
Guerrier infortuné, mais moins encor que moi,
Quitte ces lieux sanglants, remporte en ta patrie
Cet objet que ma rage a privé de la vie.
Ton roi, tous tes chrétiens, apprenant mes malheurs,
N'en parleront jamais sans répandre des pleurs :
Mais, si la vérité par toi se fait connaître,
En détestant mon crime on me plaindra peut-être.
Porte aux tiens ce poignard, que mon bras égaré
A plongé dans un sein qui dut m'être sacré ;
Dis-leur que j'ai donné la mort la plus affreuse
A la plus digne femme, à la plus vertueuse
Dont le ciel ait formé les innocents appas ;
Dis-leur qu'à ses genoux j'avais mis mes états ;
Dis-leur que dans son sang cette main s'est plongée ;
Dis que je l'adorais, et que je l'ai vengée. *(Il se tue.)*
(aux siens.)
Respectez ce héros, et conduisez ses pas.

NÉRESTAN.

Guide-moi, Dieu puissant ! je ne me connais pas.
Faut-il qu'à t'admirer ta fureur me contraigne,
Et que, dans mon malheur, ce soit moi qui te plaigne ?

FIN DE ZAÏRE.

TABLE

DES MATIÈRES.

FIN DE LA TABLE DU DEUXIÈME VOLUME.

LIMOGES ET ISLE,
IMP. MARTIAL ARDANT FRÈRES.

EN VENTE

A LA MÊME LIBRAIRIE,

RÉPERTOIRE DES CHEFS-D'ŒUVRE DU THÉATRE FRANÇAIS,

CLASSIQUES DU PREMIER ORDRE,

Formant 29 jolis volumes in-18. *Prix* : 21 f.

(Chaque Auteur se vend aussi séparément.)

	f.	c.
CHEFS-D'OEUVRE de PIERRE et de THOMAS CORNEILLE, 5 vol. in-18.	3	50
— de CRÉBILLON, 3 vol. in-18.	2	10
— de MOLIÈRE, fig., 6 gros vol. in-18.	6	»
— de RACINE, 6 vol. in-18.	4	50
— de REGNARD, 4 vol. in-18.	2	80
— de VOLTAIRE, 5 vol. in-18.	3	50

Ces 29 volumes forment une Bibliothèque à bon marché des Chefs-d'œuvre de la Littérature française.

www.ingramcontent.com/pod-product-compliance
Lightning Source LLC
LaVergne TN
LVHW020555230826
846091LV00002B/497

9782019138899